EVANGELISMO

Vinde após mim, e vos farei pescadores de Homens

EAD - ENSINO MÉDIO TEOLÓGICO A DISTÂNCIA

Título Original:
Evangelismo - Vinde após Mim, e vos farei Pescadores de Homens.

6ª Reimpressão - 2023

IBAD

Rua São João Bosco, 1114 – Santana

12403-010 – Pindamonhangaba, SP

Telefax – (12) 3642-5188

www.ibad.com.br

Impresso no Brasil

Coordenação
Pr. Mark Jonathan Lemos

Todas as citações bíblicas foram extraídas da versão revista e corrigida, salvo indicação ao contrário.

Dados Internacionais de catalogação na publicação (cip)
(Câmara Brasileira do Livro, SP, Brasil)

Cavalheiro, Emerson
Evangelismo - Vinde Após Mim, e vos farei Pescadores de Homens.
Pindamonhangaba: IBAD, 2019

ISBN - 9 788560068531

Índice para Catálogo Sistemático

1. Evangelismo: Teologia: Cristianismo: Religião

EVANGELISMO

Vinde após mim, e vos farei pescadores de Homens

Curso Médio de Teologia

EAD - ENSINO MÉDIO TEOLÓGICO A DISTÂNCIA

Sobre o livro

Categoria – Religião

Fim da Execução – Janeiro de 2019 6ª
Reimpressão - Junho de 2023

Formato – 16 x 23 cm
Mancha – 12,3 x 19,2 cm

Tipo e corpo: Garamond
Papel: Offset 75g/m2
Tiragem: 1500 exemplares

Impresso no Brasil – Printed in Brazil

Equipe de Realização

Supervisão: Pr. Mark Jonathan Lemos

Produção Editorial

Coordenação
Pr. Mark Jonathan Lemos

Edições e Publicações
Pr. Mark Jonathan Lemos

Revisão Teológica
Emerson Cavalheiro

Revisão de Português
Silvia Helena Siqueira

Capa & Diagramação
Heitor Galvão Souza

Sumário

Apresentação

Em 15 de Outubro de 1958, começavam a tomar forma o sonho e a visão dados por Deus aos missionários João Kolenda e sua esposa, Ruth Doris Lemos. Nesta data, nasceu o IBAD, com o objetivo de proporcionar aos jovens vocacionados a oportunidade de se preparem para melhor servir o Senhor.

Na trajetória destas cinco décadas, o IBAD tem se mantido fiel à sua missão. Hoje, mais de quatro mil ex-alunos trabalham na Seara do Mestre como pastores, missionários, evangelistas, autores, conferencistas e em outras áreas do serviço cristão. Estes homens e mulheres atuam em todos os estados do Brasil e em 31 nações. O sol nunca se põe sobre os ex-alunos do IBAD.

Atento às necessidades educacionais da Igreja, o IBAD desenvolveu um projeto para atender um público que deseja um maior conhecimento e preparo na Palavra de Deus. Esse projeto é denominado Curso de Teologia a Distância, apresentado em 24 livros que oferecem ao estudante a oportunidade de obter uma base sólida para o serviço cristão.

Essa coleção teológica é fruto de meio século de experiência, tradição e qualidade no ensino da Palavra de Deus. Os autores dessa coleção são professores com qualificação para o desenvolvimento dos assuntos propostos.

Este livro foi escrito por Emerson Cavalheiro. O Professor Emerson é formado em Teologia pelo IBAD, licenciado e graduado em Psicologia, especialista em Terapia Cognitivo-Comportamental e mestrando em Desenvolvimento Humano. Também dedica-se à produção de materiais teológicos, sendo o autor de outros livros que integram a grade do IBAD.

O apóstolo Paulo declara em II Tm 2.15 - *"Procura apresentar-te a Deus aprovado, como obreiro que não tem de que se envergonhar, que maneja bem a palavra da verdade"*. Tenho certeza que este livro, bem como toda a coleção teológica, será de grande valor para sua edificação espiritual e seu embasamento na formação ministerial.

Reverendo Mark Jonathan Lemos
Diretor do IBAD

Como estudar a distância

Caro estudante,

Nosso curso a distância foi estruturado com o objetivo de atender a todos que desejam ter maior entendimento sobre a Bíblia. Para atingir esse objetivo, tivemos o cuidado de planejar e produzir um material adequado para proporcionar a você a melhor experiência educacional possível. Nesse planejamento, chegamos à conclusão de que os livros deveriam não só ter um bom conteúdo, mas também ser acessível a todas as pessoas que desejam ter maior conhecimento das Escrituras Sagradas. Também observamos a necessidade de atender pessoas de qualquer região do país, com diferentes níveis de conhecimento. A partir de tais critérios, desenvolvemos uma coleção de dezesseis livros, a qual se constitui em um curso Médio de Teologia a distância.

Esses dezesseis livros, escritos de forma clara e objetiva, apresentam, de modo geral, vinte capítulos divididos em quatro unidades. Em cada unidade e em cada capítulo, há sempre uma introdução para que o leitor tenha ciência do que estudará naquela unidade e naquele capítulo. Tudo isso foi realizado com o intuito de facilitar a leitura. Com esse mesmo intuito, solicitamos que você observe as orientações para o estudo.

1- Recomendações para melhor aproveitamento de seu curso

Esse estudo requer atitudes próprias de qualquer estudante, porém ele tem como objetivo essencial abençoar sua vida cristã e dar-lhe instrumentos para que você desenvolva o ministério cristão com maior eficácia. Isso implica que serão necessárias, de sua parte, atitudes espirituais corretas, tais como:

1) Ore sempre antes de começar a lição. Isso preparará o seu coração para receber não apenas as informações, mas principalmente os princípios que serão úteis na sua vida com Deus.

2) Tenha o cuidado de sempre consultar a Bíblia. A leitura bíblica é primordial e insubstituível. Quanto mais você conhecer a Bíblia pela leitura diária, mais facilidade terá na compreensão de estudos que lhe auxiliarão no conhecimento dela.

3) Tenha sempre uma atitude de humildade. Deus revela verdades importantes àqueles que mantém essa atitude em seus corações.

Além desses cuidados, atente também para a dedicação, a disciplina e a perseverança, atitudes essenciais para a obtenção de êxito em todas atividades. Ao iniciar este curso de Teologia, conscientize-se da importância da manutenção desses princípios para o sucesso de sua aprendizagem. Concentre-se sempre no que estiver fazendo, pois a vida está no presente. O passado é a fonte das experiências, e o futuro, um tempo que deve ser planejado para que, quando transformado em presente, possibilite a colheita do que foi plantado, isto é, a obtenção dos resultados desejados. Se mantivermos tudo isso em mente, teremos sempre grandes chances de alcançarmos nossos objetivos.

2- Regras Básicas para a Compreensão do Texto

A leitura bem sucedida – compreensão de texto - requer do leitor a observância de alguns procedimentos básicos. São eles:

• Leitura do texto – Ao iniciar seu estudo, preste atenção à apresentação do livro e à introdução de cada unidade e de cada capítulo. Isto é importante porque essas introduções facilitarão sua compreensão do texto.

• Leitura de unidades de ideia – A leitura de palavras, ao contrário da de unidades de pensamento, faz com que o leitor interprete um texto erroneamente. Isto significa que não devemos ler palavra por palavra e sim atentar para a ideia geral do texto.

• Conhecimento do vocabulário – O conhecimento do significado das palavras auxilia todo o processo de leitura. Por isso, tenha sempre à mão um dicionário da língua portuguesa e também um dicionário ou enciclopédia bíblica. É importante que essa consulta ao dicionário seja feita somente após uma primeira leitura do texto para que você não corra o risco de fazer uma leitura com interpretação inadequada.

• Leitura de diversos tipos de texto – A diversidade de textos permite que o leitor não só amplie seus conhecimentos, como também adquira maior habilidade para leitura. Procure ler outros livros que falem sobre o mesmo assunto.

3- Aplicação Pessoal

• Questões para reflexão – Em todos os capítulos, há questões com o objetivo de levar o estudante a refletir sobre os temas abordados, bem como fazer uma aplicação dos mesmos à realidade atual.

• Exercícios – No final de cada livro, o estudante encontrará exercícios relacionados a cada capítulo estudado para a verificação do conhecimento e fixação do conteúdo.

Introdução

A Bíblia Sagrada é o Livro dos livros. É a revelação. Não uma revelação qualquer, assim como alguém que esconde algo por um tempo e, de repente, traz à luz uma coisa insignificante e vazia. Antes, a revelação de que trata a Escritura é profunda e sublime, potente e meiga, compreensível e amável porque é a revelação de Deus, Aquele que está assentado em um alto e sublime trono!

Sim, através dela, pode-se conhecer a realidade de Sua Pessoa, Seu caráter e Suas ações. Apesar de não ter a intenção de provar Sua existência, faz questão de afirmar, logo no primeiro versículo, do primeiro capítulo, do seu primeiro livro, que há um Deus e esse Deus não é um deus com "d" minúsculo, como muitos outros deuses, produto das mãos humanas, antes, é o Todo-Poderoso, Inteligente, Sábio, Complexo em Suas ações, afinal, Ele é, nada mais, nada menos, que o Criador dos céus, da terra, do mar e de tudo o que nele existe.

Nos Conselhos Eternos, um plano extraordinário fora traçado! Após cinco dias de feitos magníficos, no sexto dia, Ele mesmo preparou, com Suas poderosas mãos, a Sua obra-prima. Do pó da terra, formou uma criatura, de primeira categoria, rica em detalhes e, soprando em suas narinas o fôlego de vida, chamou-o de Homem, um ser perfeito, com um diferencial frente a tudo o que existira até então, pois, era à Sua imagem, conforme à Sua semelhança. O Homem podia falar, pensar, sentir, agir e fazer escolhas. Sua inteligência era notória e tinha como responsabilidade e dever, cuidar do jardim e nomear os animais.

É fato que, na viração do dia, lá estava Deus dialogando com Sua criatura, em íntima comunhão. Todavia, foi o próprio Deus quem viu que o Homem estava só e decidiu fazer-lhe uma companheira. Do sono profundo e da retirada de uma costela, nascera outra perfeição, que deixou o Homem boquiaberto, diante de tamanha formosura. Tudo estava completo e a responsabilidade de ambos era cuidar da criação e ser fecundos. Antes, havia uma única regra: poderiam comer de todas as árvores do jardim, menos da árvore que estava no meio dele, conhecida como árvore da ciência do bem e do mal. Se assim o fizessem, morreriam. A morte era uma incógnita, mas parecia ser algo terrível porque veio sob tom de uma ruim consequência, diante de um preceito que não deveria ser quebrado.

O cenário era perfeito, até que entra em cena uma serpente. Naquele momento, longe de ser apenas uma cobra, estava vestida de vestes satânicas, aliás, era o próprio Satanás que, apossando-se dela, fez com que falasse, a ponto de minar a ingenuidade da mulher, distorcendo aos seus ouvidos, as palavras divinas ordenadas. Com seu discurso sedutor, afirmou que o que dissera Deus não era tão sério assim, e que, na verdade, se ambos, ela e seu marido, comessem do tal fruto proibido, teriam seus olhos abertos e seriam como Ele. A saliente curiosidade da mulher despertou-lhe o ímpeto de olhar para o fruto, desejá-lo, tocá-lo e comê-lo. Imediatamente, levou-o ao seu marido, e ele também o comeu.

O reflexo da escolha feita, fruto da desobediência, imediatamente, chegou. Seus olhos foram abertos, perceberam que estavam nus e foram esconder-se entre as folhas do jardim. Quem lhes havia mostrado que estavam nus? Este foi o questionamento feito por Deus, ao encontrá-los, após esconderem-se no jardim. Esconderam-se, mas Deus sabia onde estavam. Chamar o Homem foi um ato de manifestação da Graça, que traz a misericórdia divina a quem merece a morte.

Consequências ruins foram proferidas. Não era novidade, pois, estavam cientes delas. Chegaria a sentença de punição, trazendo consigo dor, trabalho pesado, terra com espinhos e cardos, serpente a rastejar-se pela terra e, sobretudo, a morte. Estas, foram palavras do Deus Justo e Santo, que ama o pecador, mas não tolera o pecado.

No entanto, naquele dia denso e cinzento, algo surpreendente aconteceu. Em meio a tanta tristeza, eis que o Grande Senhor anuncia a vinda de um que esmagaria a cabeça da serpente. Ela não triunfaria, definitivamente. Toda a raça humana, os animais e a natureza tinham sido comprometidos pelo pecado, todavia, não seria o fim. Ele tinha um plano e, Ele mesmo, enviaria a salvação.

O tempo passou e, muitos séculos depois, em um dia aparentemente comum, como todos os outros, algo extraordinário e surpreendente acontece. Um anjo apresenta-se a uma virgem, chamada Maria, dizendo-lhe que fora escolhida para trazer ao mundo àquele que salvaria o seu povo dos pecados deles. Ele se chamaria Jesus, o Emanuel, o Deus conosco. Inusitadamente, a moça achou-se grávida, pelo Espírito Santo e, cumprindo os dias de dar à luz, trouxe ao mundo a esperança e a salvação.

O menino cresceu em estatura e graça diante de Deus e dos homens. Era um menino diferente. Os anos demonstraram Seu diferencial. Aos trinta anos, começou o Seu ministério, escolhendo doze Homens para acompanhá-lo, em um treinamento intenso. Certa feita, ao encontrar André e Pedro, ambos pescadores, disse-lhes: *"Vinde após mim, e eu vos farei pescadores de homens"*. Estas imponentes palavras ecoaram em seus ouvidos e corações, a ponto de deixarem tudo para seguí-lo.

Com doze homens, começou um grande trabalho de amor, solidariedade, restauração e cura. Ele ressuscitou mortos, fez surdo ouvir e mudo falar, expulsou demônios, curou paralíticos e restaurou corações doentes, aflitos e despedaçados pelas circunstâncias da vida. No entanto, Sua missão maior foi demasiadamente pesada: Ele experimentou a morte, cruenta e dolorosa, morte de cruz, todavia, não ficou sepultado, pois, no terceiro dia, ressuscitou dentre os mortos. Tudo isso, por um único motivo: o Homem.

Seu destino final foi o retorno ao Seu trono, de onde descera para cumprir os desígnios de Seu Pai, em completa obediência e perfeita submissão. A História não acabou por aqui. Por meio dos doze discípulos, fundou Sua igreja, enviou o Espírito Santo, o Outro, igual a Ele, para dela cuidar e, ainda, prometeu voltar para buscar Seu povo. Mas, enquanto isso, ordenou-lhes que pregassem o Evangelho a toda criatura, resgatando os mais perdidos e inválidos deste mundo, para ensinar-lhes os valores eternos do Reino de Deus.

Esta mensagem gloriosa de salvação chegou até nós, em pleno século XXI. Ele ainda não voltou e continua levantando Homens para anunciar as virtudes daquele que os chamou das trevas para a Sua maravilhosa luz. Ele continua resgatando o ser humano das trevas, tornando-o cidadão do Reino de Deus.

Aqui está o sentido da disciplina que será estudada a partir de agora: despertar na igreja a consciência de tão grande salvação e, ao mesmo tempo, de tão grande responsabilidade: cumprir o ide de Cristo, anunciando ao pecador que o tempo de arrependimento e remissão de pecados é chegado. Assim como a eternidade é uma realidade tão próxima, a perdição eterna é real, mas Ele, Cristo Jesus, veio ao mundo para trazer vida e vida com abundância.

Com isto, resta apenas afirmar que a evangelização é a tarefa mais nobre e sublime da igreja. Quem não entendeu isso, não entendeu o Evangelho e, muito menos, todo o propósito de salvação!

FUNDAMENTOS BÍBLICOS DA EVANGELIZAÇÃO

As bases que sustentam todo o trabalho de evangelização estão postas sobre as Escrituras Sagradas. São elas que testificam sobre Jesus, o Filho de Deus, que veio a este mundo com o objetivo de entregar Sua vida pelo Homem. Através do Seu sacrifício vicário, um novo tempo de graça e misericórdia fora inaugurado. Da mesma forma como todos pecaram e foram destituídos da glória de Deus, conforme afirmou o apóstolo Paulo, por intermédio de Cristo, todos podem achegar-se a Ele e, em tempo oportuno, experimentar tão grande salvação.

Nesta unidade, serão apresentados os fundamentos bíblicos da evangelização. No primeiro capítulo, verificar-se-á a razão que deve mover a igreja a colocar o trabalho evangelístico como sua prioridade número um. Em seguida, no capítulo dois, estudar-se-á sobre a grande boa nova, o sentido do Evangelho, que é a Pessoa do Senhor Jesus Cristo. No terceiro capítulo, serão trabalhados os aspectos ligados ao poder do Espirito Santo na capacitação da igreja para a grande obra de evangelização. No quarto capítulo, será apresentada a maneira como a igreja primitiva enxergava o ide do Senhor e o colocava em prática e, por fim, no quinto capítulo, analisar-se-ão alguns aspectos envolvendo a tarefa evangelística dos apóstolos até os dias atuais.

CAPÍTULO 1

Evangelização: Por que Ela é tão Necessária?

A evangelização é uma das tarefas supremas da Igreja. O sentido e propósito do Corpo de Cristo na Terra é torná-lo conhecido entre os povos e nações. A graça, o amor e a misericórdia do Senhor estão dispensados ao Ser Humano e, o povo adquirido por Ele é o grande responsável por transmitir as verdades eternas, que resgatam o Homem das trevas e o transportam à maravilhosa luz, a luz de Jesus (I Pe 2.10). Neste capítulo, compreenderemos o conceito de evangelização, bem como demonstraremos sua importância e urgência nos dias atuais.

1.1 Definição de Evangelização

Por mais que estejamos acostumados a falar e a ouvir sobre a evangelização, é importante que compreendamos a profundidade do termo. Evangelização, do grego (*evaggelizo*) é ato de evangelizar, tornar conhecida uma boa notícia. Assim, remete-se ao Evangelho (*evangelion*) que, no grego, significa "boas novas". Com isso, entende-se que, evangelizar é anunciar, proclamar a boa notícia de Cristo ao Homem. Trata-se da dinâmica, das ações e intenções, planejamentos e estratégias que favorecerão a pregação da maior mensagem de todos os tempos, a da salvação eterna obtida por intermédio de Cristo Jesus (Lc 2.10).

Através de um olhar cuidadoso sobre o Antigo e Novo Testamentos, constatar-se-á que o termo evangelização sempre esteve ligado à ideia de proclamação e anúncio das verdades divinas. Desde a queda do Homem (Gn 3), Deus estabelecera um pacto em que o plano de redenção e a mensagem de salvação foram proferidos (Gn 3.15). Seu amor foi derramado sobre a humanidade caída e Ele mesmo arquitetou, lançou os fundamentos e executou um maravilhoso projeto de resgate, através de Seu Filho Jesus Cristo (Jo 3.16; I Jo 3.1).

Observando o Antigo Testamento, pode-se ter um claro exemplo da transmissão da verdade de Deus, através dos profetas. Estes porta-vozes divinos colocavam-se à disposição do Senhor para anunciar Sua Palavra, especialmente em tempos de calamidade, pecado e dor. Expressavam, com veemência, a necessidade de arrependimento, anunciavam o juízo, sempre demonstrando a graça e o amor de Deus para com os Homens (Is 6; 53; Os 11. 1-4; 14.1-5; Jn 3. 1-10; Mq 6. 6-8; 7.18-20).

Foram eles os arautos dos detalhes da vinda dAquele que salvaria o Homem perdido. Detalhes de Sua vida, ministério e morte foram narrados séculos antes da Sua chegada (Is 9. 6; Mq 5.2; Jl 2.28; Zc 9.9; 11.12,13; 12.10; Sl 118. 22,23).

Vindo a plenitude dos tempos, Cristo Jesus veio a este mundo demonstrar o grande amor de Deus pelo Ser Humano (Gl 4.4). Era Ele o cumprimento de tudo o que fora profetizado. Ele era o *Logos,* a Palavra, a expressão máxima da vontade divina, que esteve conosco, descortinando o maravilhoso e grandioso plano de salvação. Ele, que no princípio esteve com Deus, e era Deus (Jo 1.1), deixou o esplendor de Sua glória, aniquilou-se a Si mesmo e tomou a forma humana, tornando-se semelhante a nós (Fl 2. 6-9). A graça e a verdade andaram entre nós, personificadas em Jesus, o Deus-Homem.

É impossível pensar em evangelização, enquanto conjunto de estratégias e planejamentos para a ação, bem como em evangelismo, enquanto práticas de alcance missionário, se não compreendermos a magnitude do propósito de Deus para o Homem. Quando o cristão conhece, com clareza, o que Deus fez pela humanidade, seu coração arde em chamas pela proclamação do Evangelho. As boas novas ganham o mais profundo sentido no âmago do ser, suas entranhas gritam por almas e seu profundo desejo é ver o Reino de Deus alcançando o mais vil pecador.

É de John Knox, o reformador escocês, no século XVI, a célebre frase em oração: *"Dai-me a Escócia ou eu morro!"*. Ser testemunha de Cristo é ter a chama da evangelização acesa, a ponto de entregar a vida à morte, se para isso for necessário para que os perdidos encontrem a salvação.

1.2 O Homem: Alvo e Objetivo da Evangelização

A evangelização acontece para o Homem. De fato, o Ser Humano é o alvo e o objetivo das estratégias evangelísticas. Mas, que Homem é esse? Para responder a esta pergunta, faz-se necessário recorrer à visão apresentada pelas Escrituras

Sagradas, guia de fé e regra do cristão. Ela é plena, suficiente e a única capaz de discorrer, com exatidão, desde o nascimento do projeto, chamado humano, os propósitos para sua criação, sua queda e, posteriormente, sua redenção. Qualquer outra explicação que não encontre amparo na Bíblia Sagrada será vazia, sem valor e cairá, mais cedo ou mais tarde, no descrédito.

Somente a Palavra de Deus, que é lâmpada para os nossos pés e luz para o nosso caminho (Sl 119.105), apresenta a trajetória humana, responde às mais angustiantes e inquietantes perguntas que pairam sobre a mente do Homem: Quem somos? De onde viemos? Para onde vamos? Qual o sentido da vida? Qual minha função na existência? Estas interrogações suscitaram, no decurso da História, várias explicações e buscaram respaldo, especialmente, na ciência, na filosofia e na religião.

A Bíblia Sagrada precisa nortear a mente e o coração do homem e da mulher de Deus, pois toda mensagem evangelística, deve ser centrada nas afirmações das Escrituras. Logo, para cada questionamento, apontamento ou dúvida, haverá um *"está escrito"* saindo dos lábios do evangelista, especialmente quando os ataques às verdades eternas do Reino manifestarem. O conselho de Paulo a Timóteo deve estar cravado no coração do servo de Deus: *Procura apresentar-te a Deus aprovado, como obreiro que não tem de que se envergonhar, que maneja bem a Palavra da verdade* (II Tm 2.15).

1.2.1 Mas afinal, o Que é o Homem?

Para responder a esta pergunta, a ciência, a filosofia e a religião têm passado séculos debruçando-se sobre as mais variadas formas de pesquisa. Enquanto a ciência busca, através dos dados observáveis e comprovados, sanar às angustiantes inquietações humanas, a filosofia e a religião lançam mão do pensamento, das ideias e reflexões para também contribuir com o pensamento humano.

Para este momento, voltaremos à atenção ao argumento conhecido como Criacionista. O criacionismo defende que Deus é o criador de todas as coisas (Gn 1.1). Sendo Ele o criador de tudo o que há, inclui-se nesta criação, evidentemente, o Homem (Gn 1.26).

O Homem fora criado no sexto dia (Gn 1. 24-30) quando a luz, o firmamento, a água, a porção seca, a vegetação, os luzeiros, os peixes, as aves e animais haviam sido criados. No Conselho Eterno, quis Ele criar o Homem, à Sua imagem e semelhança:

> *Também disse Deus: façamos o homem à nossa imagem, conforme à nossa semelhança; tenha ele domínio sobre os peixes do mar, sobre as aves dos céus, sobre os animais domésticos, sobre toda a terra e sobre todos os répteis*

> *que rastejam pela terra. Criou Deus, pois, o homem à sua imagem, à imagem de Deus o criou; homem e mulher os criou* (Gn 1. 26,27).

Os detalhes da formação do Ser Humano são narrados no capítulo 2 de Gênesis. Após finalizar Sua obra, Deus assoprou em suas narinas o fôlego de vida. Em seguida, colocou-o no jardim do Éden, dando-lhe recomendações para que nomeasse os animais e cuidasse da terra. Também orientou-o a que comesse de todas as árvores do jardim, com exceção do fruto da árvore da ciência do bem e do mal. Caso comesse, morreria! (Gn 2. 7-17).

Foi Deus quem viu que o Homem estava só e decidiu fazer-lhe uma companheira. Após colocar um profundo sono em Adão, tirou uma de suas costelas e formou a mulher. Ao vê-la, o Homem expressou todo o seu contentamento. Ambos estavam nus e não se envergonhavam (Gn 2. 22-25).

Na disciplina Teologia Sistemática, o estudante poderá observar os temas teológicos que implicam nos fatores da criação de todas as coisas, inclusive do Homem. No entanto, convém salientar o que disse Santos (2018), quando apresentou as razões divinas para o ato da criação humana. Afirma ele que:

> O primeiro motivo que move a Deus, em todas as coisas, é sua própria glória. Tudo existe para a glória de Deus, para a magnificação de seu nome, das bases materiais do universo até à alma imortal do ser humano [...] O segundo motivo pelo qual Deus nos criou é o amor: Deus nos fez para amar-nos, e para ser por nós amado [...] O terceiro motivo está ligado ao segundo: Deus nos criou não apenas para amá-lo, mas para amarmos uns aos outros. O amor de Deus vem em primeiro lugar, mas o amor aos outros é a segunda prioridade mais importante de nossas vidas (p.109).

Deus sempre tem um proposito perfeito para todas as coisas, portanto, não é de se admirar que o Homem seja a coroa de toda a criação. O projeto humano fora perfeito em detalhes, rico em inteligência e dotado da capacidade de ver, falar, sentir e pensar. Um diferencial frente a tudo o que fora criado. O Ser

Humano foi criado para gozar plena comunhão com Deus, desfrutar de Sua Glória e magnifica Presença. O Catecismo Maior de Westminster, produzido por teólogos da Escócia e Inglaterra, no século XVII, afirma categoricamente que o fim supremo e principal do Homem é glorificar a Deus e gozá-lo para sempre.

O salmista Davi, quando contemplava toda a beleza da criação, expressou sua devoção ao Eterno, dizendo-lhe:

> *Ó Senhor, Senhor nosso, quão admirável é o teu nome em toda a terra, pois puseste a tua glória sobre os céus! Da boca das crianças e dos que mamam suscitaste força, por causa dos teus adversários, para fazeres calar o inimigo e vingativo. Quando vejo os teus céus, obra dos teus dedos, a lua e as estrelas que preparaste; Que é o homem mortal, para que te lembres dele? E o filho do homem, para que o visites? Contudo, pouco menor o fizeste do que os anjos, e de glória e de honra o coroaste. Fazes com que ele tenha domínio sobre as obras das tuas mãos; tudo puseste debaixo dos seus pés: todas as ovelhas e bois, assim como os animais do campo; As aves dos céus, e os peixes do mar, e tudo o que passa pelas veredas dos mares. Ó Senhor, Senhor nosso, quão admirável é o teu nome sobre toda a terra* (Sl 8).

A perfeição era notória e a comunhão era um elemento comum entre a divindade e Sua criação. Deus e Homem mantinham um elo de comunicação estreita, até que surgiu no cenário maravilhoso do Éden, a serpente, trazendo consigo o engano, a mentira e, por fim, ocasionando a queda, interrompendo o glorioso ciclo, mantido até então.

1.2.2 A Queda do Homem

A queda foi o mais trágico e triste momento da raça humana. O pecado não é um mero detalhe ou acidente assimilado pelo ser humano na existência. Ele trouxe consequências funestas para a humanidade. Sua entrada no mundo foi sinônimo de rebeldia, desobediência e engano. As palavras da serpente penetraram ardilosamente no coração de Eva e ecoaram por toda a história. Paulo disse, muito tempo depois, *"que todos pecaram e destituídos foram da glória de Deus"* (Rm 3. 23).

No Éden, a serpente, Satanás, questiona as palavras do próprio Deus. Ao perguntar a Eva se o Criador os tinha proibido de comer do fruto das árvores do jardim (Gn 3.1), a mulher respondeu prontamente que a proibição era destinada apenas a uma daquelas árvores, a que estava no meio do jardim (Gn 3. 2,3).

Com astúcia, o enganador semeou no coração de Eva a dúvida, afirmandolhe que o que Deus dissera não era bem assim. A verdade é que ambos, seu marido e ela, seriam como Deus, conhecedores do bem e do mal (Gn 3. 4,5).

Os passos que culminaram na derrota de Eva podem ser vistos logo em seguida, no versículo 6:

1. Vendo a mulher que a árvore era boa para se comer;

2. Agradável aos olhos;

3. Árvore desejável para dar entendimento;

4. Tomou do fruto e comeu;

5. E deu também ao marido, e ele comeu.

Seus olhos foram abertos e, imediatamente, perceberam que estavam nus e, cozendo folhas de figueira, fizeram cintas para si (Gn 3.7).

A cena que segue, mostra o Senhor Deus vindo ao encontro do casal caído. Partiu dEle a iniciativa de procurá-lo, e a pergunta soou com veemência: *Adão, onde estás?* (Gn 3. 9). A resposta tímida e amedrontada foi acompanhada de uma breve tentativa de justificativa: *Ouvi a tua voz no jardim, e, porque estava nu, tive medo, e me escondi* (Gn 3.10).

A conversa continuou e a sentença foi proferida: à mulher, à serpente e para o homem (Gn 3. 13-19). Consequências imediatas foram narradas pelo Criador: aquela plena comunhão seria interrompida, a expulsão do Éden ocorreria, a terra produziria cardos e espinhos, com o suor do rosto, o homem trabalharia, com dor, a mulher daria à luz filhos, a serpente rastejaria sobre o próprio ventre e comeria do pó da terra e, sobretudo, a morte passaria a fazer parte do cotidiano humano (Gn 3. 14-19). Foi o Senhor Deus quem fez vestimentas de pele para Adão e Eva. Ele os vestiu e Suas palavras deixaram evidente que o Homem era "como um deles", conhecedor do bem e do mal e por isso deveriam ser expulsos do jardim, para que não comessem do fruto da árvore da vida e vivessem (Gn 3. 21-24).

Ser expulso do paraíso tem uma conotação muito mais ampla do que, simplesmente, deixar o lugar, antes, o simbolismo que está por detrás dessa realidade aponta para os terríveis prejuízos decorrentes da queda, perceptíveis logo nos próximos capítulos do texto sagrado e que se estenderam para todas as gerações (Rm 3.10).

1.3 O Pecado

A desobediência de Adão e Eva repercutiu negativamente sobre eles, sobre a natureza e em toda a raça humana. Não foi um mero tropeço, facilmente remediável, antes, foi o descumprimento de uma norma que traria consequências terríveis ao Homem. Shedd (2015) afirma que:

> O catecismo da Nova Inglaterra afirma que "com a queda de Adão, todos nós pecamos". A desobediência de Adão no Éden foi realmente uma queda. A relação original com Deus foi destruída. Culpa e vergonha envenenaram a consciência de Adão. Antes disso, ele havia desejado a comunhão com seu Criador; depois, escondeu-se, tomado de ansiedade, sentindo a humilhação da vergonha. A inimizade havia tomado o lugar da paz que caracterizava a comunhão vespertina com Deus. Adão via-se agora como um criminoso diante de um juiz que deveria aplicar a sentença da lei em sua totalidade, condenando o transgressor (p.30).

A morte física e espiritual, a sentença de condenação divina sobre a humanidade e a deformidade do caráter humano passaram a integrar a realidade da vida (Rm 1.8;5.12; I Co 15.56; Cl 2.13; Ef 2.1; Ap 21.8).

Satanás conseguiu seu intento no jardim do Éden. Suas obras são más e seu poder não deve ser negligenciado pelos cristãos. Paulo diz que o arqui-inimigo de Deus cegou os incrédulos (II Co 4.4) para que a luz da verdade não chegue até eles. É tarefa do diabo fazer do Homem um escravo do pecado (Jo 8.34). O enganador é dotado de tamanha sutileza em suas ações, perito na astúcia, preparando armadilhas para prender o ser humano a fim de que cumpram seus mais ardilosos intentos e vontades (II Co 11.3; II Tm 2.26; Ap 12.9).

Stott (2002, p. 80) pontua que "o pecado não é um lapso lamentável de padrões convencionais; a sua essência é a hostilidade para com Deus (Romanos 8:7), manifesta em rebeldia ativa contra ele". O autor reitera que as pessoas têm compreendido mal o que é, de fato, o pecado. Para demonstrar sua gravidade, explica que:

> O Novo Testamento emprega cinco palavras gregas principais para o pecado, as quais juntas retratam os seus aspectos variados, tanto passivos como ativos. A mais comum dessas palavras é *hamartia*, que descreve o pecado

> como um não atingimento do alvo, ou fracasso em alcançar um objetivo. *Adikia* é "iniquidade", e *porneria* é o mal de um tipo vicioso ou degenerado. Ambos os termos parecem falar de uma deformação do caráter. As palavras mais ativas são *parabasis* (com a qual podemos associar *paraptoma*, uma "transgressão", ou ir além de um limite conhecido, e anomia, "falta de lei", o desrespeito ou violação de uma lei conhecida. Cada caso subentende um critério objetivo, um padrão a que falhamos em atingir ou uma linha que deliberadamente cruzamos (STOTT, 2002, p. 79).

A demonstração acima sobre a seriedade do pecado aponta para a necessidade de uma grande salvação. O Homem está completamente comprometido, sem esperança e sem alguém que possa resolver o problema da culpa. Sua mente está corrompida (Rm 8. 3-7), a carne (natureza humana) debaixo de corrupção (Rm 7. 14-25) e a perversão tomou conta do seu ser (Ef 2.3).

A ausência do conhecimento e de comunhão com Deus trouxeram ao ser humano consequências funestas. O engano tomara conta do coração e a angústia o dominara. Egoísmo e orgulho, a incredulidade, a sensualidade, a perversão, a falsa religiosidade, dentre tantas outras manifestações do pecado causam-lhe sofrimento e dor. Não há nele esperança, assim como não há ninguém que possa resolver o problema, a não ser o próprio Criador, o Senhor Deus. O cristão precisa ter a consciência da seriedade do pecado e do estrago produzido por ele, a fim de que entenda a real necessidade de apresentar o plano de salvação ao Homem caído.

1.4 A Promessa de Salvação

A graça de Deus é imensurável e Seu amor não tem limites. O Criador fez todas as coisas e, especialmente o Homem para desfrutar de intimidade e comunhão com Ele. A queda significou profunda ruptura para a relação e trouxe terríveis consequências, no entanto, a misericórdia divina manifestou-se e o projeto original não fora descartado, inutilizado.

O Senhor foi taxativo ao demonstrar as consequências do pecado, como acima, mas, à serpente foi dito algo que traria esperança para o Homem, evidenciando que nem tudo estava perdido: "*E porei inimizade entre ti e a mulher e entre a tua semente e a sua semente; esta te ferirá a cabeça, e tu lhe ferirás o calcanhar*" (Gn 3.15).

O termo inimizade (*ódio*, no hebraico) demonstra o que aconteceria, não simplesmente em relação à cobra, mas define estreita e direta ligação com o diabo. Semente (*descendência*, no hebraico), indica que Eva teria filhos, no entanto, a referência à *semente da mulher* é aplicada à vinda do Messias, aquele que resgataria o Homem perdido e restauraria a comunhão com o Deus de toda a criação. Fica claramente evidenciado nas palavras do Todo Poderoso que haveria luta entre a descendência da mulher e da serpente (Jo 8. 37-47).

Compreender o que fora dito pelo Senhor à serpente ampliará o entendimento de todo cristão envolvido com o trabalho evangelístico:

> Gênesis 3.15 é chamado por alguns teólogos de *proto evangelho*, por que neste texto, mesmo de forma indireta, Deus promete o vindouro Salvador, o Senhor Jesus Cristo, que destituiria Satanás de seu poder e desfaria sua má obra, assim como um homem ao esmagar a cabeça de uma serpente debaixo de seus pés. O Senhor estava mostrando misericórdia mesmo quando Ele julgava (Gn 4.15). Contudo, em sua tentativa de não se ver esmagada pelos pés do prometido descendente da mulher, a serpente iria ferir o calcanhar deste. Seria um ferimento grave, mas algo secundário se comparado ao ferimento que a serpente sofreria na cabeça – que simboliza a derrota total de Satanás e de sua descendência pelo Messias. Ao ser crucificado e morrer, Jesus foi ferido em Seu "calcanhar", em Sua humanidade. Ele sofreu uma terrível, mas temporária injúria (Jo 12-31; Cl 2.15). Contudo, foi fiel ao Pai até o fim, ressuscitou em glória e derrotou nosso inimigo. Desde então, Satanás foi oficialmente derrotado por Aquele que é o primogênito da nova criação; um prenúncio da vitória que todos os cristãos terão (Rm 16.20) (RADMACHER, ALLEN, HOUSE, 2013, p. 18,19).

A promessa da vinda de Cristo foi uma realidade demonstrada no terceiro capítulo da Bíblia. O pacto estabelecido pelo Senhor não seria violado e, mesmo após muitos anos, Seu propósito se cumpriria, através de uma moça, desposada com José, chamada Maria. A notícia dada em sonho pelo anjo a José não era apenas a mensagem da chegada de mais uma criança ao mundo, antes era o cumprimento da promessa de que, da semente da mulher, nasceria Aquele que *"salvaria o seu povo dos pecados deles"* (Mt 1.21).

Não houve e não haverá maior e melhor notícia do que esta. Jesus Cristo veio ao mundo para salvá-lo dos seus pecados. Esta é a mensagem que deve ser propagada pela igreja, pelos evangelistas, os cristãos. No livro do profeta Isaías está escrito: *"Quão formosos são, sobre os montes, os pés dos que anuncia as boas novas, que faz ouvir a paz, do que anuncia o bem, que faz ouvir a salvação, do que diz a Sião: o teu Deus reina!"* (52.7).

Em uma aplicação secundária, o versículo de Isaías reflete a realidade do filho de Deus, alcançado por Cristo e que é portador da mensagem de esperança e salvação. Em tempos de guerra espiritual e de miserabilidade decorrente do pecado, o Senhor convoca Seus escolhidos para que saiam a anunciar que há vida em abundância em Seu Filho, Jesus Cristo (Jo 10.16).

Questão para reflexão

Por que é importante conscientizar o pecador acerca da gravidade do pecado? Em sua opinião, a igreja tem cumprido o seu papel de anunciar o antídoto contra o pecado, o Senhor Jesus Cristo?

CAPÍTULO 2

Jesus Cristo – A Grande Boa Nova

A mensagem evangelística só fará sentido e alcançará seu objetivo se for cristocêntrica. Não há evangelização eficaz sem a centralidade da Pessoa de Jesus. Ele foi o presente de Deus para a humanidade caída. Ele voluntariamente entregou-se pelo ser humano. Neste capítulo, estudaremos os pontos importantes da vida de Cristo, Sua divindade, encarnação e obra, que demonstram claramente Seu intuito ao vir a este mundo e Seu amor pelos perdidos.

2.1 Jesus Cristo é Deus

Todos aqueles que se dedicam ao trabalho de evangelização devem ter consciência e conhecimento das doutrinas bíblicas. Elas são o fundamento, o alicerce e a estrutura da mensagem de salvação. Dentre as várias doutrinas, é essencial que se anuncie a verdade da divindade de Cristo. Ele é Deus e esta máxima bíblica precisa estar na mente, no coração e nos lábios do pregador do Evangelho para que consiga anunciar com intrepidez e ousadia as verdades eternas (At 4.31).

Não são poucos os que desconhecem a magnitude da grandeza de Jesus Cristo e, por isso, não O reconhecem como Deus. Há seitas que O diminuem, dizendo ser Ele inferior a Deus ou que fora criado por Deus em algum momento. Há os que defendem que Ele foi apenas um homem sábio que passou por esta

Terra, dentre outros pensamentos distorcidos e equivocados.

Evangelizar é tornar conhecida a divindade de Jesus Cristo. Ele é o Verbo que se fez carne e habitou entre nós (Jo 1.14). O Jesus Deus é amplamente percebido ao longo da Bíblia Sagrada. Não é nosso intuito explorar cada detalhe nesta obra, mas cabe ao estudante aprofundar seus conhecimentos sobre a temática, a fim de que tenha argumentos e razões para defender a fé perante os incrédulos (I Pe 3.15).

Ao fazer referência à divindade de Jesus Cristo, Ferreira e Myatt (2015) comentam que:

> Os autores do Novo Testamento citaram textos do Antigo Testamento sobre Deus, aplicando-os de forma consistente à pessoa de Jesus Cristo. Alguns exemplos são: "O trono dele é para sempre" (Sl 45. 6-7; 93.2 cf Hb 1.8); "ele enche o céu e a terra" (Jr 23.24 cf. Ef 4.10); ele é o criador (Gn 1.1 cf. Jo 1. 1-3; Is 44.24 cf. Cl 1.16); o rei eterno (Sl 145.13; Dn 7.14 cf. Lc 1.33); o juiz de toda a terra (Gn 18.25 cf. 2Co 5.10); nossa esperança (Sl 39.7 cf. I Tm 1.1); fonte de nossa força (Sl 119.28 cf. Fl 4.13) e único salvador (Is 43.11; 49.26 cf. Mt 1.21; I Tm 1.15; At 15.11; Hb 5.9; 7.25). Os autores do Novo Testamento também atribuíram nomes divinos a Jesus. Ele foi chamado de Deus (Mt 1.23; Jo 1.1; Rm 9.5; Tt 1.3; 2.13); Senhor (Mt 12.8; Mc 2.28; Rm 14.9); "Senhor meu e Deus meu" (Jo 20.28); Filho de Deus e Deus verdadeiro (I Jo 5.20) e Alfa e Ômega (Ap 1.8). Outros títulos que Jesus assumiu também eram cheios de significado (p. 506).

A Palavra de Deus é enfática ao demonstrar que Cristo é Deus. Quando o cristão sai a evangelizar e demonstra ao pecador quem Jesus é e o que fez para nos resgatar da maldição do pecado, a poderosa e ungida mensagem alcança corações e transforma vidas.

2.2 Jesus Cristo se fez Carne

A grande demonstração do amor de Deus reside no mistério da encarnação. Não há evangelização sem esta notícia maravilhosa. Deus se fez carne e veio morar conosco. O Santo tornou-se como um de nós. Jesus deixou o esplendor de Sua glória e desceu ao mundo caído, sem luz e sem esperança (Fp 2. 6-11).

A promessa de Deus não falha e todas as profecias se cumprem. Pearlman (1997, p. 104) afirma que "[...] o filho de Deus veio ao mundo para ser o Revelador de Deus. Ele afirmou que as suas obras e suas palavras eram guiadas por Deus (João 5.19, 20; 10.38); sua própria obra evangelizadora foi uma revelação do coração do Pai celestial [...]"

Quando Maria achou-se grávida, por obra do Espírito Santo (Lc 1. 26-35), José intentou deixá-la secretamente, haja vista que o contexto sociocultural da época não seria favorável a eles, mas a mensagem angelical para José foi que Maria daria à luz um filho que salvaria o seu povo dos pecados deles (Mt 1.21) e seguiu dizendo que tudo o que estava acontecendo era cumprimento direto das profecias (Mt 1. 22, 23).

O nascimento de Jesus foi um marco divisor da História. Foi um evento indescritível! Cada detalhe narrado nas Escrituras demonstra o poderio do Senhor e demarca claramente o propósito para o qual Ele viera e este mundo. O encontro com Isabel (Lc 1.39-45); Os anjos e os pastores (Lc 2. 8-20); Simeão e Ana (Lc 2. 25-38); a visita dos magos (Mt 2. 1-12) foram acontecimentos que inauguraram um tempo de profunda revelação do amor de Deus pelo Ser Humano, ao passo que a boa nova de salvação se espalharia e confrontaria o pecado, a hipocrisia e todas as mazelas causadas pelo diabo. Cumpriu-se a profecia de Isaías, quando disse que *"o povo que andava em trevas viu grande luz, e aos que viviam na região da sombra da morte, resplandeceu-lhes a luz"* (Is 9.2.

2.3 João Batista, o Arauto

João Batista, filho de Isabel e Zacarias (Lc 1. 57-80), exerceu um papel de grande importância no anúncio da salvação. O precursor do Messias pregava a mensagem do arrependimento e perdão de pecados, além de batizar aqueles que se aproximavam, tocados por seu discurso (Lc 3). Comentando sobre a pregação de João Batista, comenta Champlin (2015) que:

> Essa mensagem tinha como ênfase principal a necessidade de arrependimento, a breve inauguração do Reino de Deus à face da terra, e o iminente aparecimento do Messias, que haveria de julgar, purificar e unificar o povo de Deus. João Batista identificou Jesus como o Messias prometido, embora pareça ter hesitado quanto a essa identificação, pelo menos durante algum tempo, quando, sofrendo no cárcere, e

> sob forte desapontamento, chegou a duvidar (Mar. 11:3) (p.550).

O Batista era conhecido por sua intrepidez e ousadia no discurso. Sua fala atraía pessoas e sua mensagem era impactante (Lc 3. 1-14). Deu testemunho de Jesus (Jo 1. 15-31) e o batizou, ainda que com resistência inicial, mas o Senhor afirmou que era necessário que assim fosse para que se cumprisse toda a justiça (Mt 3. 13-17; Mc 1.9-11; Lc 3. 21,22; Jo 1. 32-34). No ato do batismo, uma cena impactante ocorreu. Ao sair da água, o Espírito de Deus desceu sobre Jesus, como uma pomba e ouviu-se do céu, a voz do Pai, chamando-o de Filho amado (Mt 3. 16,17).

Considera-se que João Batista exerceu um extenso ministério, que não ficou restrito à área do Jordão. Ele percorreu a região de Enon, no território samaritano, e esteve também nas bandas da Pereia, onde governava Herodes Antipas, que fora por ele confrontado por possuir Herodias, a esposa de Filipe (Mt 14. 1-5). Ele ordenou que João fosse preso e, de fato, ficou encarcerado na fortaleza de Maquero, nas proximidades do mar Morto. De lá, o pregador anunciava a mensagem de arrependimento.

Seu descontentamento em relação a João era evidente, não apenas pelos fatos que envolveram o adultério com Herodias, mas porque receava perder sua autoridade política. Herodias nutria ódio por João e, na festa de aniversário de Herodes, sua filha dançou, agradando ao rei e todos os presentes. Como recompensa pelo seu espetáculo, Herodes prometeu dar a ela o que pedisse e, aproveitando-se da ocasião, Herodias induziu a filha a pedir a cabeça de João Batista em um prato. O rei entristeceu-se, mas não pôde voltar atrás frente ao que prometera, ordenando que João fosse decapitado, no cárcere. Sua cabeça foi trazida e a moça a entregou num prato para sua mãe. Chama à atenção que: *"[...] Herodes temia a João, sabendo que era homem justo e santo, e o tinha em segurança. E, quando o ouvia, ficava perplexo, escutando-o de boa mente"* (Mc 6.20).

Ao desempenhar a obra evangelística é necessário considerar a pregação de João Batista, o homem que foi cheio do Espírito Santo (Lc 1.15), que andava pregando pelo deserto, vestido com peles de camelo, um cinto de couro e que se alimentava de gafanhotos e mel silvestre (Mt 3. 4). João proferira a grande mensagem que deve estar nos lábios de todos os comprometidos com a evangelização em nosso tempo. A frase é curta, porém, poderosa, capaz de transformar o mais vil pecador e o mundo inteiro: *"Eis o Cordeiro de Deus que tira o pecado do mundo"* (Jo 1.29, 36).

2.4 O Ministério de Cristo

A vinda de Cristo ao mundo teve um claro propósito: entregar Sua vida pela humanidade (Jo 10.18). É notório que essa hora chegaria e Ele mesmo a anunciou (Jo 12.23), no entanto, a Sua vida e o Seu ministério foram evidências diretas da manifestação da graça e do amor de Deus para com o Homem pecador.

Aos doze anos, quando esteve entre os doutores, surpreendeu a todos com Seu discurso. Maria, Sua mãe, guardava todas as coisas no coração e o menino atravessava as fases do desenvolvimento humano, crescendo em estatura, sabedoria e graça diante do Pai e das pessoas (Lc 2. 41-52).

Suas palavras eram impactantes. Ele falava com autoridade, diferentemente dos religiosos da época (Mt 7.29). Seus ensinamentos tocavam corações que saíam de Sua presença ardendo em chamas. Ensinar era uma constante em seu ministério (Mt 4. 23-25; 5; 9. 35-38; Lc 19.47). A pedagogia de Cristo visava revelar o Reino de Deus (Mt 4.17) e manifestar a vontade do Seu Pai (Jo 6.38) em detrimento do reino deste mundo, efêmero, vazio e sem esperança (Mt 9.36)

Nosso compromisso com a evangelização deve ter Cristo como nosso maior paradigma. Suas estratégias evangelísticas eram plenas, conforme nos relata Mateus:

> *E percorria Jesus todas as cidades e povoados, ensinando nas sinagogas, pregando o evangelho do reino e curando toda sorte de doenças e enfermidades. Vendo as multidões, compadeceu-se delas, porque estavam aflitas e exaustas como ovelhas que não têm pastor. E, então, se dirigiu a seus discípulos: A seara, na verdade, é grande, mas os trabalhadores são poucos. Rogai, pois, ao Senhor da seara que mande trabalhadores para a sua seara* (9. 35-38).

Cristo percorria os lugares diversos, ensinava, pregava o evangelho do Reino, curava doenças e enfermidades e, essencialmente, tinha compaixão pelas almas. Seus olhos eram atraídos ao encontro dos menos favorecidos, dos tristes, dos cansados, dos abatidos, dos que não tinham mais esperança. Ele também desejava que os ricos conhecessem a Deus e herdassem, verdadeiramente, a riqueza incorruptível (Mt 19. 16-30). Ele mesmo orientou Seus discípulos e deu-lhes poder para que fizessem o mesmo (Mt 10).

A mensagem de Cristo exalava palavras de graça (Lc 4. 22). Somente a graça de Deus seria capaz de inaugurar um novo tempo na vida humana. Em cumprimento à profecia, Ele agia debaixo da unção e do poder do Espírito Santo (Is 61.1 cf. Lc 4. 16-21). Como flechas nas mãos de um valente, tamanho era o impacto da Verdade sobre os Homens. Ele era a verdade que trazia salvação (Jo

14.6).

É importante considerar o sentido da palavra salvação nos idiomas hebraico e grego. No hebraico, exprime a ideia de uma convicção interna de que o ser humano está isento de um mal grandioso, logo, seguro estará. No grego (soteria), traduz-se por cura, recuperação e, de forma semelhante, está associada à redenção e livramento do perigo.

Diante disso, pode-se constatar que a ideia expressa no termo salvação abrange a totalidade da existência humana, o que quer dizer que, quando se faz a obra de evangelização, pretende-se alcançar o ser humano em sua plenitude: física, emocional e espiritual. A Palavra de Deus traz cura para o corpo, para as feridas da alma e para a separação espiritual entre o Homem e Seu Criador.

Jesus nos deu o exemplo do que acabara de ser afirmado. Por diversas vezes, ele operou nas dimensões biológicas, psicológicas e espirituais do Homem. Ele curou toda a sorte de mazelas e enfermidades (Lc 4.40). Ao curar, afirmava que perdoados estavam os pecados do doente (Lc 5.20). Ele transformou a vida da mulher samaritana (Jo 4) e confrontou a religiosidade de Nicodemos, convidando-o a nascer de novo (Jo 3). Curou cegos (Mc 10), fez o surdo ouvir e o mudo falar (Mc 7. 31-37), expulsou demônios (Lc 4. 31-37); multiplicou pães e peixes (Jo 6. 1-15); ressuscitou mortos (Jo 11), dialogou com os ricos (Mt 19. 16-22), curou leprosos e paralíticos (Lc 5. 12-26), dentre tantos outros sinais e maravilhas que deixavam a todos perplexos, admirados e dando glórias a Deus (Lc 5. 26).

Cristo era a essência viva da verdadeira mensagem evangélica. Um dos textos áureos das Escrituras faz referência ao convite que Ele fizera aos exaustos pelas circunstâncias da vida: "*Vinde a mim, todos os que estais cansados e oprimidos, e eu vos aliviarei. Tomai sobre vós o meu jugo e aprendei de mim que sou manso e humilde de coração; e achareis descanso para a vossa alma. Porque o meu jugo é suave e o meu fardo é leve*" (Mt 11. 28-30).

Acerca do jugo, há uma explicação proposta por Coleman (1991), quando afirma que:

> Os agricultores da antiguidade utilizavam arados de madeira ou ferro, puxados por uma junta de bois. Pela lei, era proibido juntarem-se dois animais de espécies diferentes (Dt 22.10). Contudo, até hoje, no Oriente Médio ainda se utilizam juntas mistas de bois e jumentos. A lei permitia que se empregassem nesse serviço diversos tipos de animais, mas nunca poderiam ser misturados numa mesma junta, animais de

> espécies distintas. [...] Jesus também empregou essa figura, já que muitos de seus seguidores a conheciam bem. Disse-lhes que tomassem sobre si o jugo dele, e então veriam como ele era suave (Mt 11. 28-30). O padrão que ele apresentava não era opressivo, não era um fardo de leis rigorosas, como o dos fariseus (p. 180).

Jesus Cristo tinha como nobre missão evangelística apontar o caminho para a reconciliação com Deus (Jo 14.6). Ele mesmo era o caminho, não àquele apontado pela fria religiosidade dos seus dias, quando os doutores da lei estavam inchados, impregnados de conhecimento, presos à letra, sem, todavia, compreenderem a verdadeira essência da mensagem divina: o amor (Mt 23). Através dEle, o Pai podia ser conhecido e visto (Jo 14.9).

O ministério de Jesus foi cercado pela manifestação do amor de Deus pelo Homem porque Deus é amor (I Jo 4.8). Ele era o amor em essência. Seu discurso e Sua prática irradiavam a graça, a misericórdia, e a bondade do Pai. O evangelismo precisa e deve ser realizado com profundo amor pelos pecadores e desejo intenso de vê-los salvos por Cristo, logo, não será possível alcançar vidas sem amá-las.

É notório, ao longo das narrativas do evangelho, encontrar Jesus comendo com pecadores, fato que escandalizava os religiosos (Mt 9.11; Lc 5. 29-32; Lc 19.7). Cristo alcançava os desprezíveis, os inválidos, os menos favorecidos, àqueles que não eram tidos por dignos de salvação por parte da elite que compunha a religião da época. Os religiosos eram extremamente legalistas e não entendiam que *"os são não precisam de médicos, e sim os doentes"* (Mt 9.12), e Jesus os convidou a aprender o significado de *"misericórdia quero e não holocaustos; pois não vim chamar justos, e sim pecadores ao arrependimento"* (Mt 9.13).

Por isso, era comum ver o Mestre agindo na contramão dos princípios religiosos distorcidos naqueles dias e tendo encontros inesperados, como no caso de uma prostituta (Jo 8.11) e na ida à casa de Zaqueu (Lc 19.5). A presença do Messias causava incômodo porque Ele se encarregava de resgatar a verdadeira essência da lei, que era o amor. Não um amor conivente com o erro e pacífico para com o pecado, antes, pelo contrário, Suas palavras eram duras e confrontadoras (Mt 21.13; Jo 4; 8.11) mas produziam transformação e vida (Jo 4. 28-30, 39-42; Lc 19. 8-10).

2.5 O Amor pelos Perdidos

A essência do evangelho é o amor porque Deus é amor (I Jo 4.8). Foi o amor de Deus que fez com que Ele enviasse Seu Filho ao mundo (Jo 3.16), assim também como foi por amor que, voluntariamente, o Filho se entregou pela humanidade (Jo 10.18).

Por meio das Escrituras pode-se constatar que Deus sempre desejou estabelecer uma relação de amor e intimidade com o ser humano. Pode-se tomar como exemplo a história de Israel que está repleta de sinais e atitudes do amor divino. Israel tinha o papel de ser luz para as demais nações e testemunha do grande amor do Senhor (Is 43.10). No livro do profeta Oseias é possível perceber, claramente, a maneira como Senhor desejava se relacionar com o povo. O relacionamento entre um homem e uma mulher é usado, analogicamente, para demonstrar a maneira como esse amor deveria ser expresso (Os 11). Da mesma forma, no Novo testamento, encontra-se a analogia do amor de Cristo para com sua noiva, a Igreja (Ef 5. 25-27; Ap 19. 7,8).

Jesus Cristo demonstrou por várias vezes, a grandeza do amor de Deus, especialmente através das parábolas. As parábolas eram histórias cujo objetivo era ensinar lições profundas sobre a verdade, a fé e a vida. Os discípulos ouviram várias parábolas, pois esse método era amplamente utilizado pelo Messias.

Uma das mais impactantes está registrada em Lucas 15. 11-32. Trata da história de um filho que resolveu pegar sua herança e sair pelo mundo. Tendo sua decisão respeitada, o pai lhe entrega a parte que lhe cabia e ele, então, saiu para uma terra longínqua. Construir a própria história longe de casa e da família soava bem aos ouvidos e saltava aos olhos do jovem até que a crise chegou e os recursos financeiros começaram a esgotar.

Quando tudo estava perdido, pois o texto sagrado afirma que: *"havendo ele gastado tudo, houve fome naquela terra, e começou a padecer necessidades"* (v. 14), procurou um homem da região e pediu-lhe emprego. O jovem que recebeu sua herança e projetou vários sonhos longe de sua casa, agora cuidava de porcos e desejava comer as bolotas que eram destinadas aos animais, todavia, ninguém o atendia (v. 15, 16). É digno de nota que cuidar de porcos era ofensivo aos judeus, pois eram considerados animais impuros pela lei. Além disso, somente as pessoas paupérrimas comiam as bolotas, uma espécie de vagem de alfarrobeira. Tal situação demonstra o estado que o moço chegara.

Quando se deu conta do estado que se encontrava, diz a Bíblia que: *"Caindo em si, disse: Quantos jornaleiros de meu pai têm abundância de pão, e eu aqui pereço de fome! Levantar-me-ei, e irei ter com meu pai, e dir-lhe-ei: Pai, pequei contra o céu e perante ti; Já não sou digno de ser chamado teu filho; faze-me como um dos teus jornaleiros"* (v. 17-19).

O jornaleiro era o trabalhador que recebia pelo trabalho de um dia. O pródigo chegou à conclusão de que os funcionários de seu pai estavam em uma condição melhor que a sua. Ao constatar isso, tomou uma decisão impactante: voltar para a casa do Pai.

> *E, levantando-se, foi para seu pai; e, quando ainda estava longe, viu-o seu pai, e se moveu de íntima compaixão, e , correndo, lançou-se-lhe ao pescoço e o beijou. E o filho lhe disse: Pai, pequei contra o céu e perante ti, e já não sou digno de ser chamado teu filho. Mas o Pai disse aos seus servos: trazei depressa o melhor vestido, e vesti-lho, e ponde-lhe um anel na mão e alparcas nos pés, e trazei o bezerro cevado e matai-o; comamos e alegremo-nos, porque este meu filho estava morto e reviveu; tinha-se perdido e foi achado. E começaram a alegrar-se* (v. 20-24).

O filho arrependido encontrou um pai amoroso e perdoador. Quanta beleza na atitude desse pai que ficava à espera do filho, na esperança de que poderia voltar um dia. Correr, lançar-se ao pescoço e beijá-lo era pura demonstração de carinho e compaixão. Assim que confessou seu erro, perdão fluiu do coração do velho pai e um banquete ordenou que fosse preparado. Novas vestes, anel, alparcas e um bezerro cevado nada mais eram do que a materialização simbólica da volta para a casa, da conquista do respeito e da autoridade de filho.

Jesus estava ensinando Seus discípulos que o amor e o perdão do Pai são infinitamente maiores e abundantes do que o erro cometido por um filho. Da mesma forma, Deus estava, através dele, reconciliando consigo o mundo e de braços abertos para receber o pecador que dEle se aproxima (II Co 5.19).

O trabalho evangelístico consiste em demonstrar ao mundo o amor e a atitude de espera paciente do Pai, que ansiosamente aguarda pelos que estão longe da casa que Ele tem preparado para os que nEle crerem e aceitarem a condição de filho (Jo 1.11; 14.1-3).

Lucas, no mesmo capítulo, relatou a parábola da ovelha perdida (15. 4-7). Um pastor, cuidadoso para com o seu rebanho, ao contá-lo, deparou-se com a falta de uma ovelha. Noventa e nove estavam protegidas, mas uma desgarrou-se. O fato de ter a maioria guardada e livre do perigo, dos salteadores e da morte, não o tornou negligente para com aquela que se perdera. Antes, deixando os animais protegidos, saiu a buscá-la. Assim que a encontrou, tomou-a sobre seus ombros e, chegando em casa, banqueteou-se com seus amigos, cheio de alegria. Jesus então concluiu, dizendo que: *"[...] haverá alegria no céu por um pecador que se arrepende, mais do que por noventa e nove justos que não necessitam de arrependimento"* (v. 7).

Da mesma forma, uma mulher com dez dracmas, ao perder uma delas, faz uma faxina geral em sua casa a fim de encontrá-la e, quando a encontra, convida suas amigas para com ela se alegrar (v. 8, 9). A dracma era uma moeda de prata e correspondia a um dia de trabalho braçal. Novamente, finaliza o Senhor, dizendo: *"Assim vos digo que há alegria diante dos anjos de Deus por um pecador que se arrepende"* (v. 10).

Essas parábolas evidenciam, claramente, que o Pai está de braços abertos para receber todos aqueles que estão perdidos, sem paz e sem esperança. Ele não está preocupado com a condição econômica e social, com o status e a reputação, com a lista de pecados e imundícies, antes, Ele deseja alcançar a todos, conceder-lhes dignidade, restaurá-los à condição de filhos e promover-lhes um grande banquete.

Evangelizar é anunciar as verdades de Deus para a humanidade. O mundo carece desta boa notícia e a igreja é a portadora desta tão valiosa informação. Se a nação escolhida para anunciar as virtudes divinas se calar, o inferno continuará arrebatando vidas para a perdição eterna, mas, na medida em que os cristãos avançam, abrem seus lábios e proclamam a nova vida e a liberdade em Cristo, o céu se alegra e o banquete passa a ser constante (Lc 15.7).

2.6 A Cruz de Cristo

Não haverá mensagem de salvação sem a cruz de Cristo. A vida eterna só é possível porque a vinda de Jesus a esta Terra teve um propósito específico: morrer na cruz do calvário para resgatar a humanidade perdida (Fp 2.8). Na cruz, Ele foi o substituto do Homem caído (Is 53; Rm 5.8; II Co 5.21; I Jo 4. 9,10;). Quando se trata de substituição está-se afirmando que uma pessoa tomou o lugar de outra. É uma ação de grandiosa nobreza, sobretudo quando se toma o lugar de dor e sofrimento do outro. Jesus, o Filho de Deus, que era Deus deixou o esplendor de Sua glória e veio a este mundo para entregar-se em lugar do pecador (Fp 2. 5-8).

A cruz era objeto de escárnio e humilhação e a crucificação, por consequência, a pior forma de tortura e morte no Império Romano. Geralmente, pessoas de má reputação e que tinham cometido horrendos crimes eram crucificadas. Uma prova disso é que o próprio Senhor foi pendurado ao lado de dois ladrões (Mt 27.38; Mc 15.27; Jo 19.18).

Não é intenção desta disciplina, descrever os detalhes que envolveram a crucificação, mas é fato que, todo evangelista e pregador da Palavra de Deus, deve ser inflamado pela mensagem da cruz porque somente ela é capaz de atrair o pecador, livrando-o da morte.

Infelizmente, vivemos dias em que muitas mensagens pregadas são mecânicas, frias e não têm a centralidade da cruz para a salvação. Pregações de autoajuda, prosperidade material, bem estar terreno e o anseio pelo sucesso são temas que tomaram conta dos altares em diversos lugares, abrindo mão da centralidade da mensagem cristã: a cruz de Cristo. Como consequência, há pobreza de poder, fraca conversão genuína e pouco conhecimento de Deus. Importante ressaltar ainda que, o show, o espetáculo, o excesso de músicas e louvores no culto têm tomado o espaço que deveria ser atribuído à exposição da Palavra. Que a emoção causada pelo som dos instrumentos não substitua o quebrantamento resultante da exposição das Escrituras!

Há necessidade urgente, em nosso século, de retomar a centralidade do ensino e da pregação sobre a cruz de Cristo. Há necessidade de profícua evangelização, todavia, não a evangelização que massageia o ego, promete benesses nesta vida e acaricia o pecado, mas sim, aquela pregação que transforma, promove quebrantamento, gera lágrimas de arrependimento, que resulta em transformação e prepara um banquete de libertação e nova vida espiritual. Onde há inversão de valores, há escassez de recursos espirituais, todavia, onde há abundância da verdade cristocêntrica, haverá superabundância de recursos celestiais, que resultarão em crescimento para o reino de Deus. A eternidade é coisa muito séria, logo, deve ser tratada como tal pelos proclamadores da Palavra do Senhor.

2.7 A Ressurreição de Cristo

O Cristianismo repousa na certeza da ressurreição do seu fundador. A morte não venceu a Vida, que é Cristo, o Senhor! Foi esta vitória que levou Paulo a escrever sobre o grande milagre da ressurreição (I Co 15). Evangelizar, portanto, é torná-la conhecida a todos os homens. Foi porque Ele ressuscitou e vivo está que os cristãos têm a garantia de que não estão só, ou seja, Jesus está presente todos os dias pois assim prometera, até à consumação dos séculos (Mt 28.20).

A verdade da ressurreição foi presenciada por Maria Madalena, pela outra Maria, pelos apóstolos, pelos discípulos no caminho de Emáus e por mais de quinhentos irmãos. Paulo, o apóstolo, teve uma experiência transformadora com o Cristo vivo (Mt 28. 1-10; Mc 16. 1-8; Lc 24. 1-12, 19; Jo 20. 1-18; At 9; I Co 15.6).

Ao longo da História da Igreja, milhares de pessoas têm conhecido o Cristo vivo e ressurreto. Esta convicção extraordinária tem movido os Homens a abrirem mão de suas vidas para fazerem a obra de Jesus na Terra. Através dos mais variados ministérios, apregoam a mensagem de salvação e cumprem o "ide" do Senhor, alertando os povos sobre o Seu glorioso retorno para buscar os escolhidos (At 1.11; I Ts 4. 13-18).

2.8 As Ordenanças de Cristo

Antes de ascender aos céus, Jesus atribuiu sérias responsabilidades aos Seus discípulos. Os evangelhos de Mateus e Marcos relatam as tarefas que deveriam ser executadas pelos Seus seguidores, que tinham a incumbência de dar continuidade à obra iniciada e à expansão da igreja.

Quando apareceu aos discípulos na Galileia, disse-lhes: *"É me dado todo o poder no céu e na terra. Portanto, ide, ensinai todas as nações, batizando-as em nome do Pai, do Filho, e do Espírito Santo; ensinando-as a guardar todas as coisas que eu vos tenho mandado; e eis que estou convosco todos os dias, até a consumação dos séculos. Amém"* (Mt 28. 18-20).

O Senhor garantiu que todo o poder que lhe fora dado pelo Pai, tanto no céu quanto na terra. A instrução para fazer discípulos pelo mundo deveria ser acompanhado do batismo e da pedagogia, ou seja, os novos crentes deveriam aprender sobre Deus, bem como deveriam guardar tudo que o Messias havia ordenado. Mas, a obra não seria feita sem a companhia do próprio Senhor, que garantiu Sua presença todos os dias, de domingo a domingo, até á consumação dos tempos.

Marcos também registrou as palavras de instrução de Cristo aos Seus filhos, antes de subir aos céus:

> *E disse-lhes: ide por todo o mundo e pregai o evangelho a toda criatura. Quem crer e for batizado será salvo; mas quem não crer será condenado. E estes sinais seguirão aos que crerem: em meu nome expulsarão demônios; falarão novas línguas; pegarão nas serpentes; e, se beberem alguma coisa mortífera, não lhes fará dano algum; e porão as mãos sobre os enfermos e os curarão* (Mc 16. 15-18).

Aqui, Cristo ordena sair pelo mundo a pregar o evangelho. Ele reitera sobre a importância e necessidade do batismo e outorga aos Seus discípulos, poder e capacidade para ministrar curas, expulsar demônios e experimentarem o livramento do Senhor sobre os males.

É conveniente que se entenda o sentido das palavras de Cristo, quando disse *"Portanto, ide, e fazei discípulos de todas as nações"* (Mt 28.19). Stetzer e Putman (2018), explicam que:

> Em grego, "todas as nações" é *panta ta ethnè.* O termo "étnico" em português (assim como *ethnic,* em inglês) vem do grego *ethnè*. Quando ouvimos (ou lemos) a ordem de Jesus "ide [... a] todas as nações", pensamos em países. Mas, quando Jesus anunciou essas palavras, não havia países como entendemos hoje. A nação-estado é uma invenção da era moderna. Nos

> tempos de Jesus, havia grupos de pessoas e impérios. As instruções de Jesus significam que precisamos ir a todos os grupos identitários do mundo. Os discípulos judeus daquela época sabiam que Jesus estava falando sobre os gentios. O evangelho deveria ir além da nação judaica. Mas eles também pensavam nos fenícios, mecedônios, gregos, romanos e outros. Jesus não usou o termo "impérios", como em Império Romano, Persa ou Grego. Ele usou o termo para *povos*, e os judeus sabiam que isso significava todos os tipos diferentes de gentios. Significava ir a todos os diferentes tipos de pessoas que existiam. Esse continua sendo o plano de Deus hoje (p. 51).

Os grupos identitários estão por aí, espalhados ao redor do mundo. A ordem para chegar a eles foi expressa. O evangelho precisa alcança-los e, para isso, cumpre aos cristãos atenderem ao chamado e ao imperativo da evangelização mundial. Cada ser humano é alvo da graça e do amor de Cristo e, cada um dele, quando alcançado, poderá ser agente e porta-voz da mensagem que salva, transforma, liberta e cura o pecador.

Que a vida, a obra, o ministério, a morte, a ressurreição e as ordenanças de Cristo motivem os cristãos a saírem do comodismo e do conforto dos templos, para que alcancem às vilas e valados com a pregação do evangelho, a tempo e fora de tempo (II Tm 4.2), afinal, o fim vem!

Questão para reflexão

Quais são as principais lições deixadas por Cristo acerca da obra de evangelização? Em sua opinião, é possível estabelecer um trabalho de evangelismo eficaz sem considerar cada detalhe demonstrado pelo Messias ao longo do tempo em que esteve na Terra?

CAPÍTULO 3

O Poder do Espírito Santo - A Capacitação para Testemunhar

Com a ascensão de Cristo e o nascimento da Igreja uma nova era fora inaugurada e o anúncio do evangelho deveria ser a prioridade do povo de Deus. O próprio Senhor havia ordenado que as boas novas fossem pregadas, mas, antes, os discípulos deveriam esperar em Jerusalém até que recebessem do poder que os capacitaria a enfrentar grandes desafios pelo Reino de Deus. A partir de agora, aprenderemos princípios evangelísticos extraídos da vivência da Igreja primitiva e veremos os extraordinários resultados obtidos naqueles dias.

3.1 Cristo, O Fundamento da Igreja

A Igreja foi edificada por Cristo. Ele é O fundador, O alicerce, O cabeça e O Senhor dela (Mt 16.18; I Co 3.11; Ef 2.20; 5.23). Foi Cristo quem disse a Pedro que edificaria a Sua igreja e as portas do inferno não poderiam barrá-la, já que não prevaleceriam contra ela (Mt 16.18). Oriunda do termo grego "*Ekklesia*", a igreja é a "assembleia dos que foram chamados para fora" a fim de impactar o mundo com a mensagem de vida e esperança, a palavra da salvação (At 11.22; Rm 16.5; Ef 5.32).

Ao longo do Seu ministério, Jesus convocou doze homens para que com ele andassem e, por anos, treinou-os para que dessem sequência ao projeto divino de alcançar a humanidade. Após passar a madrugada em oração, a escolha fora feita e, a partir de então, uma série de experiências preencheram o currículo daqueles que haveriam de dar sequência ao trabalho de evangelização (Mt 10. 1-4).

À medida que caminhavam com o Mestre obtinham maior conhecimento de Deus e eram transformados. Jesus chamou homens com formação de vida e profissão diferentes e o desafio de lidar com cada personalidade pode ser lido nos textos dos evangelhos. Fato é que viram e ouviram coisas extraordinárias do Reino de Deus e dos Seus mistérios (Mt 13.11). Foi-lhes conferido autoridade sobre espíritos imundos e capacidade para curar enfermidades e doenças (Mt 10.1).

Os discípulos presenciaram milagres na natureza (Mt 8. 23-27; Jo 6. 15-21), viram poucos pães e peixes servirem multidões (Mt 14. 13-21; Mc 8. 1-10); contemplaram várias curas e libertações (Mt 15. 21-28; Mc 3.9-11; 9. 14-29; Lc 7. 1-10; 8. 40-56), ressurreições (Lc 7.11-17; Jo 11), transformações de vida (Lc 19; Jo 4; 11), ouviram do próprio Senhor sobre Sua morte e ressurreição (Mt 20. 17-19) e alguns estavam presentes no ato da transfiguração (Mt 17.1-8). O Messias demonstrou profunda intimidade e comunhão com o Pai. Isto podia ser observado pelas próprias atitudes do Messias (Lc 5. 16; 6.12; 9.18, 28; 11.1). Seu prazer, propósito e missão era fazer a vontade do Pai que o enviou (Jo 5.31; 6.38).

Os momentos que antecederam Sua morte e ressurreição foram marcados pela oração em prol dos discípulos, por advertências, para que fossem cautelosos e, por várias recomendações, especialmente no tocante à chegada do Consolador, dos desafios e das agruras que passariam para que Seu nome fosse pregado, conhecido e evangelizado (Jo 14; 15; 16; 17).

De fato, a morte de Cristo ocorrera, conforme prediziam as Escrituras, porém, no terceiro dia, no primeiro dia da semana, Ele ressuscitara (Lc 24.1; 46). O Cristo ressurreto se manifestou e Seus discípulos, inicialmente tristes pelo ocorrido, agora, celebravam com admiração a vida e a vitória do Senhor sobre a morte (Lc 24. 36-43; Jo 20. 19-23).

No entanto, antes da ascensão, Jesus se dirige aos discípulos, dizendo-lhes:

> A seguir, Jesus lhes disse: São estas as palavras que eu vos falei, estando ainda convosco: importava se cumprisse tudo o que de mim está escrito na Lei de Moisés, nos Profetas e nos Salmos. Então, lhes abriu o entendimento para que compreendessem as Escrituras; e lhes disse: Assim está escrito que o Cristo havia de padecer e ressuscitar dentre os mortos no

> terceiro dia e que em seu nome se pregasse arrependimento para remissão de pecados a todas as nações, começando de Jerusalém. Vós sois testemunhas destas coisas. Eis que envio sobre vós a promessa de meu Pai; permanecei, pois, na cidade, até que do alto sejais revestidos de poder (Lc 24. 44-49).

Faltava pouco para retornar ao céu e, quando isso aconteceu, os discípulos renderam-lhe louvores, adoração e jubilosos voltaram a Jerusalém. Lucas encerra seu evangelho afirmando que os seguidores do Messias *"estavam sempre no templo, louvando a Deus"* (24.53).

Podemos apreender várias lições importantes para o evangelismo a partir do que fora exposto acima. Aprendemos com Cristo o valor da oração, do conhecimento das Escrituras (Mt 4. 1-11), da comunhão com o Pai, do amor aos perdidos, da importância da igreja, da realização de milagres e maravilhas, da glorificação ao Pai, dentre outros aspectos.

Todos aqueles que reconhecem a necessidade premente da evangelização não podem perder de vista estes elementos cruciais e vitais à prática evangelística. Não haverá trabalho bem sucedido sem que estas coisas sejam observadas. A oração é um dever e uma necessidade, a obediência à vontade de Deus, através de Sua Palavra, fundamental para a execução de qualquer planejamento missionário. Cristo continua realizando inúmeros milagres, no corpo, na alma e, sobretudo, no espirito. Ele continua salvando e operando grandes coisas.

A espera em Jerusalém traria o cumprimento de mais uma promessa: a chegada do Consolador, o "Outro" da mesma essência do Pai e do Filho. Eles, de fato, não ficariam órfãos (Jo 14.18, 26,27). A descida do Espírito Santo os encheria de tal maneira, que o poder os acompanharia por onde quer que fossem. "Ficar em Jerusalém" era o requisito necessário para que experimentassem do poder que os tornaria em ousadas testemunhas, dispostas, até mesmo, a morrer pela causa do Mestre.

3.2 O Revestimento de Poder para Testemunhar

Instantes antes da ascensão de Cristo, uma mensagem importante foi direcionada aos discípulos: *"mas recebereis poder, ao descer sobre vós o Espírito Santo, e sereis minhas testemunhas, tanto em Jerusalém, como em toda a Judéia e Samaria e até aos confins da terra"* (At 1.8).

A informação era importante: eles receberiam um poder, não um poder qualquer, procedente de uma pessoa desconhecida ou desqualificada para tal. Na realidade, esse poder viria através da descida do Espírito Santo, a terceira pessoa da Trindade. A questão é que esse revestimento tinha uma finalidade específica: torná-los verdadeiras testemunhas do nome do Cristo ressurreto e, além disso, prepará-los porque esse mesmo testemunho não ficaria restrito apenas ao local onde estavam, antes, sairia ao alcance das regiões vizinhas e próximas, mas, sobretudo, espalhar-se-ia pelo mundo.

Ao longo do tempo, interpretações equivocadas surgiram em torno deste revestimento de poder. Jamais foi intenção do Senhor manifestar Sua glória e Seu poderio sem propósito ou para mera exaltação humana. Ele é o único digno de ser honrado e adorado por tudo o que existe e não divide Sua glória com ninguém (Sl 150; Is 42.8). Não seria diferente no caso em questão. O revestimento não viria para status ou demonstração de superioridade de alguns sobre outros. Também não viria para que o orgulho e a soberba espiritual tomassem conta do coração dos cristãos.

O revestimento do poder viria e veio para capacitar os Servos do Senhor para o anúncio da mensagem de salvação. Eles deveriam estar prontos a morrer, a ser mártires pelo nome do Senhor. Radmacher, Allen e House (2013), comentam que:

> Em vez de tratar da data do retorno de Cristo, o trabalho dos discípulos deveria ser levar a mensagem do Senhor em todo o mundo. *Recebereis a virtude do Espírito Santo.* Esse trecho refere-se ao poder necessário à vida piedosa, como demonstrado na vida dos homens do Antigo Testamento marcados pelo santo agir (ver os exemplos de Abraão em Gn 22; José em Gn 39: Moisés em Êx 14; Daniel em Dn 6). Essa foi a virtude ou o poder designado para a execução de uma nova tarefa: levar o evangelho até os confins da terra. *Ser-me-eis testemunhas* é a ordem de Jesus aos Seus discípulos para que testemunhassem acerca dele aos outros, sem importar-se com as consequências. A tradição da igreja nos diz que os 11 apóstolos que ouviram essa promessa, à exceção de João, morto no exílio, foram martirizados. Deus capacitou seus discípulos para serem testemunhas fiéis e fervorosas, ainda que enfrentando a mais veemente oposição. Essa mesma virtude para testemunhar é acessível a nós hoje. Nossa tarefa não é convencer pessoas,

> mas testemunhar a verdade do evangelho (p. 290).

Quão grandiosa fora esta orientação! Os ventos do evangelismo levariam a Palavra salvadora até os confins da Terra. Desafios precisariam ser superados, por exemplo, em relação à visão e postura dos próprios discípulos, mas a experiência de salvação não seria limitada a um grupo específico, estava destinada a todos (Jo 3.16). Além disso, a morte não seria capaz de afugentar os evangelistas que, com intrepidez, anunciaram a Palavra do Senhor (At 4.31).

No início de Atos dos Apóstolos, lemos o relato dos primeiros acontecimentos pós-ascensão de Cristo. A escolha de Matias para ser o sucessor de Judas foi realizada, mediante oração e lançamento de sortes (At 1. 24, 26). As cenas seguintes provocariam uma profunda revolução na percepção dos seguidores de Cristo acerca da evangelização do mundo. Os povos começariam a ouvir sobre o único Salvador e Senhor, vindo da parte de Deus para trazer a vida eterna (I Jo 2.25).

3.3 A Descida do Espírito Santo

Jerusalém estava repleta de pessoas que vieram celebrar a festa de Pentecostes, uma festa tradicional do calendário hebraico que ocorria sete semanas ou, cinquenta dias, após a Páscoa. Era o tempo para agradecer a Deus pela provisão e colheita dos primeiros frutos (Êx 23.16; 34.22; Lv 23. 15, 16; Nm 28.26).

Na ocasião, judeus de todas as partes do mundo vieram a Jerusalém (At 2. 5-12) e os discípulos estavam todos reunidos no mesmo lugar (At 2.1). De repente, fenômenos extraordinários passaram a ocorrer. Primeiro, um som do céu invadiu a casa por completo. Esse som foi comparado a um vento extremamente forte. Logo em seguida, tiveram a visão de línguas repartidas, como que de fogo. Estas, subitamente, pousaram sobre cada um deles e, imediatamente, foram tomados pelo Espírito Santo, ficando completamente cheios e começaram a pronunciar idiomas que jamais tinham aprendido. Era a descida do Espírito Santo, selando um novo momento, em cumprimento ao que fora anunciado anteriormente, inclusive, pelo próprio Cristo (At 2. 1-4). Acerca disso, os comentaristas citados a pouco, expressam que:

> A palavra traduzida como línguas é uma palavra grega usual para línguas conhecidas. Falar em línguas ou em outras línguas fez com que a igreja ampliasse o seu alcance evangelístico. Essas testemunhas estavam falando línguas estrangeiras a pessoas de outras nações que

> estavam reunidas para o Pentecostes. [...] *Cada um os ouvia falar na sua própria língua.* Os visitantes esperavam que os apóstolos falassem a língua aramaica ou grega, mas, em vez disso, eles os ouviram falando em seus próprios idiomas estrangeiros. Os visitantes estavam assustados porque sabiam que isso não era possível, a menos que os apóstolos fossem oriundos dos mesmos lugares que eles. Era um sinal vindo do céu, um evento sobrenatural (p. 294).

Este evento sobrenatural foi o grande marco do pentecoste cristão e inaugurou um novo momento para a vida dos discípulos e, consequentemente, da igreja. O Espírito Santo veio para capacitar os crentes na realização da grande obra evangelística que teria inicio naqueles dias e chegaria até nós, em pleno século XXI. Como veremos à frente, é o Espírito Santo, o divino companheiro, quem atua das mais variadas formas, utilizando-se de diferentes pessoas e métodos para levar à cabo o grande propósito de Deus: convencer o Homem do pecado, da justiça e do juízo (Jo 16. 8,9).

A igreja dos nossos dias não pode perder de vista a Pessoa do Espírito Santo. Não haverá evangelização bem sucedida sem o Seu poder e a Sua capacitação. É Ele quem dá as estratégias e mostra o caminho a seguir. Os cristãos precisam estar cheios do Espírito, em todo o tempo, porque os dias são maus e as ciladas do maligno são postas constantemente, não apenas para atrapalhar o crescimento do Reino de Deus na Terra, mas, sobretudo, para ceifar vidas, levando-as para o inferno (Ef 6).

Como veremos a seguir, cheio do poder do Espírito, Pedro levantou-se para anunciar a Palavra do Senhor. Infelizmente, deparamo-nos, na atualidade, com diversos movimentos e mecanismos que visam à evangelização, no entanto, em muitos lugares, pouca ênfase é dada à necessidade de comunhão com o Espírito e à premente busca por Sua presença no meio dos crentes. Uma igreja sem a visão espiritual e sem a presença do *dunamis,* do poder que vem do Alto, poderá arquitetar grandes trabalhos, estabelecer poderosos projetos, utilizando-se de elevados recursos financeiros e tecnológicos, todavia, será fria em sua execução e não colherá os frutos esperados porque sem Ele, nada poderemos fazer. É o Consolador, o glorioso amigo da igreja e é Ele quem a capacita para a batalha (Jo 16.8-14; Ef 5.18).

3.4 A Primeira Grande Evangelização da Igreja

Os judeus que estavam na festa de Pentecostes, quando viram a manifestação sobrenatural envolvendo os discípulos de Cristo ficaram perplexos. Pasmos com o que viram, indagavam que fenômeno era aquele:

> *Quando, pois, se fez ouvir aquela voz, afluiu a multidão, que possuiu de perplexidade, porquanto cada um os ouvia falar na sua própria língua. Estavam, pois, atônitos e se admiravam, dizendo: vede! Não são, porventura, galileus todos esses que estão aí falando? E como os ouvimos falar, cada um em nossa língua materna? Somos partos, medos, elamitas e os naturais da Mesopotâmia, Judeia, Capadócia, Ponto e Ásia, da Frígia, da Panfília, do Egito e das regiões da Líbia, nas imediações de Cirene, e romanos que aqui residem, tantos judeus como prosélitos, cretenses e arábios. Como os ouvimos falar em nossas próprias línguas as grandezas de Deus? Todos, atônitos e perplexos, interpelavam uns aos outros: Que quer isto dizer? Outros, porém, zombando, diziam: Estão embriagados!* (At 2. 5-13).

A fim de oferecer uma resposta aos questionamentos e insinuações dos judeus, Pedro se levantou com ousadia e tratou de explicar o que ocorrera. A maneira como se dirigiu ao público demonstrou que, de fato, estava cheio do Espírito Santo e pronto para discorrer a verdade das Sagradas Escrituras. Tomando como premissa inicial para o seu discurso a profecia de Joel, discorreu sobre a vinda de Cristo e os acontecimentos que envolveram Sua vida, morte e ressurreição, reiterando que Ele, de fato, era o Messias, o Ungido enviado da parte de Deus, como cumprimento de tudo o que fora profetizado no Antigo Testamento (At 2. 14-36).

A mensagem de Pedro foi oportuna porque grande multidão estava presente e citar o Antigo Testamento para fundamentar toda a trajetória do Senhor Jesus fora, de fato, uma excelente estratégia evangelística.

O discípulo de Cristo, que outrora o negara por três vezes (Mt 26.34), desta vez, ergueu-se como um porta voz das verdades eternas. Sua veemência foi capaz de arrebatar corações e convencer incrédulos. Suas palavras penetraram como flechas nos corações desejosos de uma gloriosa experiência de conversão.

Pedro nos ensina que o evangelismo eficaz é resultado da genuína exposição da Palavra de Deus. Somente as Escrituras, divinamente inspiradas, acessam o mais profundo ser do pecador, tocando-lhe a alma (II Tm 3.16). Toda pessoa comprometida com o anúncio do evangelho deve ser conhecedora das Sagradas Escrituras. A Bíblia é o manual de regra e fé do cristão. Ela é suficiente para revelar a pecaminosidade humana bem como apontar para Jesus Cristo, o único caminho para Deus (Jo 14.6).

Onde há pouca exposição da Palavra de Deus, há pouco ou nenhum resultado. Não são os discursos humanos, filosóficos ou socioculturais que alcançam a alma do pecador, mas sim, a espada cortante que é *"viva e eficaz e mais afiada que qualquer espada de dois gumes; ela penetra ao ponto de dividir alma e espírito, juntas e medulas, e é apta para discernir os pensamentos e propósitos do coração"* (Hb 4.12).

Os obreiros que presidem sobre a casa do Senhor devem preocupar-se em preparar seus membros para que saibam anunciar a mensagem de salvação. Podem eles fomentar estudos bíblicos, treinamentos, oferecer escolas bíblicas e cursos teológicos, além de uma sólida estrutura de Escola Bíblica Dominical. Todas estas coisas, se aplicadas, farão com que os crentes tenham fundamentação bíblica para pregar e, terão plena capacidade de argumentação, quando questionadores se apresentarem com o intuito de minar a fé genuína no único Deus, Cristo Jesus (II Tm 2.15; I Pe 3.15).

3.5 A Primeira Grande Conversão

Após o discurso inflamado de Pedro, que estava cheio do Espírito Santo, as pessoas que tinham acabado de ouvir o sermão, perguntaram-lhe e também aos demais apóstolos: *"Que faremos, irmãos?"* (At 2.37).

Esta pergunta é um sinal evidente de que aqueles Homens foram tocados pela pregação e sentiam-se carentes de uma solução para suas vidas. Precisavam ter um encontro com a genuína salvação. Assim deve ser com a igreja do Senhor. Quando sair para anunciar a verdade cristã, o Evangelho, deve ela estar tão cheia da presença do Espírito Santo e tão inflamada pela Palavra de Deus que, quando seus membros abrirem seus lábios para cantar, tocar ou pregar, almas venham sedentas querendo saída e solução para suas vidas.

O famoso pregador Jonathan Edwards, no dia 08 de julho de 1741, em Enfield, Connecticut, EUA, ministrou um sermão intitulado "Pecadores nas mãos de um Deus irado", baseado em Deuteronômio 32.35. A história relata que Edwards não era muito eloquente, seu tom de voz era fraco, quase não gesticulava e seus olhos pouco cruzavam outros olhares, antes ficavam fitos no texto que havia produzido. No entanto, antes de terminar sua prédica, as pessoas que o ouviam gritavam e gemidos podiam ser ouvidos à distância. Elas fizeram a mesma pergunta emitida a Pedro em Atos 2: "O que faremos para ser salvos?"

Notemos que os séculos passaram, todavia, a necessidade espiritual continua a mesma. Os ímpios têm sede de salvação e estão clamando por obtê-la. Quando o evangelismo é comprometido com o divino Espirito Santo, realizado com Sua parceria, através da transmissão genuína da Palavra de Deus, ela será o espelho que se encarregará de mostrar a sujeira humana, mas, também, será a água que limpará toda a imundície oriunda do pecado, regenerando o mais vil pecador (Is 1. 18,19; Sl 119. 105; Jo 15.3; I Pe 1.23).

A resposta de Pedro foi contundente: *"Arrependei-vos, e cada um de vós seja batizado em nome de Jesus Cristo para remissão dos vossos pecados, e recebereis o dom do Espírito Santo"* (2.38). Assegurou que a promessa feita pelo Pai, muitos anos antes, através do profeta, era para aquele tempo, portanto, para eles, para os filhos deles e para os que estavam longe. Seu testemunho e suas palavras prolongaram-se, conclamando-os a se salvarem daquela geração perversa (2. 39, 40).

Indubitavelmente, o chamado ao arrependimento dos pecados, atrelado à genuína conversão (gr. *metanoia* = mudança de mentalidade), foram a tônica petrina:

> *Arrependei-vos.* O arrependimento envolvia, na crença judaica, a rejeição das atitudes formais e as suas opiniões concernentes a quem era Jesus. Na fé, eles o tinham aceitado tal como Ele se declarou ser enquanto estava na terra, em uma declaração confirmada por sua ressurreição e ascensão. [...] Pedro exortou os seus ouvintes ao arrependimento. Em outras palavras, cada pessoa deve fazer sua decisão de abrir mão de todos os seus sentimentos, pensamentos e desejos pecaminosos e voltar-se para Deus em fé (At 16. 31, 33, 34). Assim fazendo, Deus concede o perdão dos pecados e declara essa pessoa justa por causa da obra de Jesus na cruz (RADMACHER, ALLEN, HOUSE, 2013, p. 296).

O resultado foi uma conversão em massa. Quase três mil pessoas vieram a Cristo e, logo, foram batizadas, externando publicamente o desejo de tornarem-se seguidoras do Senhor (2. 41).

Vivemos dias de calamidade, tempos de geração perversa, alienada das realidades espirituais e entregue às mais diversas artimanhas do maligno. A doença da alma está manifesta, através de práticas pecaminosas, vícios, prostituição, enfermidades físicas e emocionais, angústia, culpa, dor, miséria, fome, morte, dentre tantas outras coisas que poderiam ser elencadas. A igreja tem a mensagem de esperança para este mundo caído, Cristo.

Os anseios do coração humano continuam clamando pela presença de Deus. Agostinho de Hipona, teólogo do século IV d.C, em suas Confissões, afirmou:

"Fizeste-nos, Senhor, para ti, e o nosso coração anda inquieto enquanto não descansar em ti".

Que se levantem homens e mulheres, destemidos e valentes, para que o Reino de Deus seja levado a milhares e milhares de pessoas que jazem em densas trevas (I Jo 5. 19). Todos os cristãos que se comprometeram com a seriedade da ordem expressa por Cristo, no Seu *"ide por todo o mundo"* (Mc 16.15), deverão avançar, na certeza de que não estarão sozinhos, pois, haverá um profundo trabalho de cooperação entre eles e Deus (I Co 3.9), logo, o resultado é garantido e a vitória é certa!

Questão para reflexão

Qual é a importância do poder do Espírito Santo para os dias atuais? Em sua opinião, a igreja cristã tem ido à fonte do poder para que seja bem sucedida na tarefa da evangelização mundial?

CAPÍTULO 4

A Igreja Primitiva e a Obra de Evangelização

Com a descida do Espírito Santo, uma igreja pujante se levanta para tornar o nome de Cristo conhecido. Milhares de pessoas experimentaram a virtude do Alto e a obra de evangelização expandiu-se, cumprindo as palavras que o Senhor da igreja ordenara aos Seus discípulos. Neste capítulo, apreenderemos os principais aspectos que fizeram da igreja primitiva uma comprometida agência evangelística e as razões pelas quais tornou-se tão bem sucedida em sua missão.

4.1 Igreja Primitiva – Uma Igreja Viva

A igreja de Cristo é um organismo vivo e, como tal, desenvolve-se e cresce. Tem sido assim ao longo dos séculos, desde o seu nascimento. Através da História, inúmeros desafios foram enfrentados, heresias, perseguições, mortes e tentativas foram feitas para que sua voz se calasse, mas, fato é que, ninguém conseguiu deter o grandioso projeto de Deus para o alcance dos perdidos. A célebre frase de Tertuliano, no século II d.C., representa bem tudo que o corpo de Cristo presenciara e presencia até nossos dias: "O sangue dos mártires é a semente da igreja".

Os açoites, as perseguições e mortes foram combustíveis que moveram o povo destemido ao crescimento, sob a direção do próprio Senhor Jesus Cristo, o Cabeça da igreja e, sob a unção do divino Espírito Santo, nosso Consolador.

Após o derramamento da virtude do alto e da pregação petrina, quase três mil almas renderam-se a Cristo e foram batizadas (At 2. 41). Sem dúvida, um grande contingente experimentou a alegria da salvação e, a partir dali, a obra de evangelização expandiu-se, sendo levada a muitos lugares. É interessante observar o que comentam Stetzer e Putmann (2018), acerca do papel da igreja. Os autores afirmam que:

> A igreja é o principal instrumento de Deus para a comunicação das boas novas. A igreja é o missionário de Deus no mundo. Não há nada mais importante no que diz respeito a cumprir a Grande Comissão do que uma igreja que compreende que essa comissão é fundamental à sua missão, que estrutura seu ministério em torno da centralidade dessa missão, que cria um ambiente acolhedor aos que vêm de outros lugares para essa missão e que mobiliza aqueles que estão dentro para que cumpram essa missão. Isso ficou evidente na primeira igreja (p. 138).

A igreja nascente estava entrando em um franco processo de crescimento e, para tal, precisaria se estabelecer, a fim de que desse prosseguimento à evangelização. Para isso, fazia-se necessário seguir as recomendações dos homens de Deus, os apóstolos, que andaram com Cristo e foram, por Ele mesmo, treinados.

O livro de Atos dos Apóstolos mostra a maneira como Deus agiu com Seu povo nos anos iniciais da evangelização. Os métodos utilizados foram eficazes e servem de orientação para os nossos dias. Alguns paradigmas precisaram ser quebrados, questões culturais que fomentavam preconceitos e, com isso, a visão da obra evangelística foi sendo ampliada, como veremos mais à frente, todavia, é inegável que a maneira como a igreja portou-se naqueles dias deve ser referencial para que desempenhemos com excelência a tarefa de levar vidas ao trono da graça, a fim de que experimentem tão grande salvação (Hb 2.3).

4.2 A Vida da Igreja

A igreja primitiva estava alicerçada em princípios que não podem ser negligenciados. A maneira como lidava com as questões da fé e da espiritualidade deve ser observada pelos cristãos do século XXI. No que tange à obra evangelística, não é diferente! Constata-se que suas práticas trouxeram grande crescimento e continuam sendo ferramentas altamente eficazes para a salvação.

Elencaremos os principais aspectos, extraídos do texto de Atos 2. 42-47, a fim de que compreendamos o *modus vivendi* da igreja cristã nos seus anos iniciais.

> *"E perseveravam na doutrina dos apóstolos e na comunhão, no partir do pão e nas orações. Em cada alma havia temor; e muitos prodígios e sinais eram feitos por intermédio dos apóstolos. Todos os que creram estavam juntos e tinham tudo em com um. Vendiam as suas propriedades e bens, distribuindo o produto entre todos, à medida que alguém tinha necessidade. Diariamente, perseveravam unânimes no templo, partiam pão de casa em casa e tomavam as suas refeições com alegria e singeleza de coração, louvando a Deus e contando com a simpatia de todo o povo. Enquanto isso, acrescentava-lhes o Senhor, dia a dia, os que iam sendo salvos".*

Estes poucos versículos resumem a maneira como a igreja vivia nos primeiros dias do seu nascimento. É preciso deixar claro que longe estamos de olhar para a igreja primitiva como uma igreja perfeita, idealizada, como muitos a percebem. Como toda instituição, era ela formada por pessoas e, onde estas estão, problemas e necessidades surgem.

Na medida em que estudamos o livro de Atos dos Apóstolos, observamos sérias questões que envolveram os servos de Deus daquele contexto. Mentiras, dissensões, heresias, dúvidas, dentre outros fatores, foram elementos que levaram os apóstolos a tomarem uma série de medidas para o fortalecimento da obra do Senhor (At 5. 1-11; 6. 1-7). Notemos que reuniões foram feitas, decisões foram tomadas e, o primeiro grande concílio da igreja fora realizado, o único com a presença dos apóstolos, com o objetivo de trazer esclarecimentos e nortear a conduta dos crentes (At 15).

No entanto, é inegável que a maneira como a igreja vivia o Evangelho deve ser observada pelos cristãos do nosso tempo. As lições que podem ser extraídas das práticas cotidianas daqueles homens de Deus devem inspirar nossa trajetória de fé e de evangelização.

O quadro abaixo nos ajuda a visualizar, com maior nitidez, cada detalhe do labor diário dos nossos irmãos:

1. Perseveravam na doutrina dos apóstolos, na comunhão, no partir do pão e nas orações.
2. Havia temor em cada alma.
3. Sinais e prodígios eram feitos por intermédio dos apóstolos.
4. Estavam juntos e tinham tudo em comum.
5. Supriam as necessidades uns dos outros.
6. Diariamente, perseveravam unânimes no templo.
7. Partiam o pão de casa em casa.
8. Tomavam as suas refeições com alegria e singeleza de coração.
9. Louvavam a Deus.
10. Contavam com a simpatia do povo.
11. Viviam na dependência da atuação do Senhor para que vidas fossem salvas.

* Elaborado pelo Autor - 2019

Vamos analisar alguns aspectos que saltam aos olhos e que devem fazer parte da igreja evangelizadora.

4.2.1 Perseveravam na Doutrina dos Apóstolos (v. 42)

Perseverar na doutrina dos apóstolos era necessário e seria, de fato, o diferencial para o desenvolvimento da igreja, haja vista que tratava-se da observância dos mandamentos, regras e preceitos estabelecidos pelo próprio Cristo. Os apóstolos aprenderam dEle e com Ele (Mt 10; 11.1). Foi o Senhor Jesus quem lhes ensinou as verdades eternas do Reino do Pai e disse-lhes que o Espírito Santo faria com que lembrassem todas as coisas que lhes tinha ensinado (Jo 14.26).

Sendo assim, a igreja primitiva estava bem estruturada na Palavra de Deus. Havia uma preocupação por parte dos apóstolos em instruir os crentes na verdade. Priorizavam o ministério da Palavra. Pode-se perceber isso, um pouco mais à frente, quando a diaconia foi instituída. Um dos motivos para a escolha daqueles homens foi manter o tempo necessário para a dedicação à Palavra do Senhor.

> Ora, naqueles dias, multiplicando-se o número dos discípulos, houve murmuração dos helenistas contra os hebreus, porque as viúvas deles estavam sendo esquecidas na distribuição diária. Então, os doze convocaram

> a comunidade dos discípulos e disseram: Não é razoável que nós abandonemos a palavra de Deus para servir às mesas. Mas, irmãos, escolhei dentre vós sete homens de boa reputação, cheios do Espírito e de sabedoria, aos quais encarregaremos desse serviço; e, quanto a nós, nos consagraremos à oração e ao ministério da palavra (At 6. 1-4).

Os apóstolos tinham compromisso com a Palavra de Deus porque conheceram, intimamente, o Deus da Palavra. Tinham sido limpos pela Palavra (Jo 15.3) e sabiam que, se as Palavras de Cristo neles estivessem, grandes coisas se realizariam (Jo 15. 7,8).

Todo evangelismo precisa ser edificado sobre a Palavra de Deus. Ela é a fonte da nossa pregação (II Tm 3.16). Somente a genuína Escritura é capaz de transformar vidas. Seu conteúdo é infalível e sacia a sede da alma. Afirmava o salmista que *"a lei do Senhor é perfeita e restaura a alma"* (Sl 19. 7,8). Ela é a fonte de vida e salvação (Sl 119. 49-56).

Podemos estabelecer diversas estratégias evangelísticas, anunciar mensagens que elevam a alma humana, citar pensadores e mensageiros com recados motivacionais e de autoajuda, no entanto, nada superará a grandeza das Escrituras. Todos os artifícios poderão causar alívio e bem-estar momentâneos, todavia, somente o *"Está escrito"* e o "Assim diz o Senhor" poderão transformar vidas, salvando-as eternamente.

Que haja no coração dos líderes e da igreja moderna, um anseio profundo pela Palavra de Deus. Púlpitos e altares vazios geram ovelhas fracas, sem resistência frente às artimanhas do maligno, mas, corações inflamados e comprometidos com a Santa Escritura, avançam e, por onde passam, deixam o cheiro do bom perfume de Cristo (II Co 2. 12-17).

4.2.2 Viviam em Comunhão (v. 42)

A comunhão entre os irmãos é um fator importante para a evangelização. Onde há *koinonia* (comunhão, no grego), a fraternidade e o amor são manifestos entre os servos de Deus. O "partir do pão" tem uma conotação profunda porque traz à memória a importância da vida em Cristo, a videira verdadeira, como também, no relacionamento social entre os homens (Jo 6.53; 15).

Muito mais do que, simplesmente, estar junto, a comunhão permite uma ligação profunda entre as pessoas. Elas interagem, demonstram afetividade, oferecem suporte umas às outras, estendem às mãos para socorrer os aflitos, ajudam os necessitados, dentre outros benefícios (Ef 4.2). Os crentes da igreja primitiva abriam mão de suas coisas para que os mais necessitados fossem assistidos (At 2. 44,45). Evidentemente, devemos ser equilibrados em relação às nossas posses, mas, é nossa responsabilidade agir com generosidade na assistência aos que precisam de socorro. A comunhão cristã deve estar muito longe do mero discurso, antes, precisa ser constatada em sua prática, pois, desta maneira, a nossa luz resplandecerá diante dos homens e será glorificado o nosso Pai que está nos céus (Mt 5.16).

O contrário também é verdadeiro. Onde falta comunhão e sobejam desavenças e desentendimentos, haverá pouco resultado no trabalho evangelístico. As pessoas observarão as atitudes dos irmãos e, quando constatarem que o discurso não está alinhado à prática, desanimarão, desistindo de congregar e crescer na fé. Por isso, estimular a comunhão e o amor de uns para com os outros, sem fingimento, traz resultados benéficos para a igreja e para os que chegam a Cristo através dela (Mt 20.26; Jo 13.34; 15. 12-17; I Pe 1.22).

4.2.3 Oravam (v.42)

Uma igreja que ora, terá a certeza do crescimento. É uma igreja que tem oxigênio, que respira. A oração é o caminho para que a intimidade com Deus cresça e nossa vontade seja alinhada à dEle. Quando há oração, corações são incendiados pela causa evangelística e prioridades são estabelecidas e alinhadas. O cristão que busca a Deus em oração, logo será impelido a levar a mensagem de esperança aos caídos.

A vida cristã e da igreja só se mantém vivas por meio da oração incessante. Os olhos espirituais são abertos e os ouvidos ficam atentos à voz do Altíssimo. Quando se observa a vida de Cristo percebe-se que a oração era Sua prioridade (Lc 5.16; 6.12; 9.18, 28; 11). Falar com o Pai e manter comunhão com Ele foram imprescindíveis para o Seu ministério e, jamais ficaram fora dos planos e ações do Mestre.

Quando a igreja se conscientiza da necessidade de oração e do clamor pelas almas, o coração do Pai se agrada e, Ele mesmo se encarrega de fortalecer e motivar os Seus servos na árdua tarefa da evangelização. Assim como acontecia na igreja primitiva, o Senhor acrescentará o número de pessoas que entrarão às fileiras da salvação (Jo 16.8; I Ts 5.17; Ef 6. 18-20).

Importante as considerações estabelecidas por Keller (2016) acerca da oração. Ele afirma que:

> Logo após a morte de seu Senhor, os discípulos se prepararam para o futuro estando juntos "constantemente em oração" (At 1.14). Todas as reuniões da igreja são "dedicadas [...] à

> oração" (At 2.42; 11.5; 12.5, 12). O poder do Espírito desce aos primeiros cristãos em resposta a orações poderosas, e líderes são escolhidos e constituídos somente com oração. Espera-se que todos os cristãos tenham uma vida de oração regular, fiel, dedicada e fervorosa. No livro de Atos, a oração é um dos principais sinais de que o Espírito entrou no coração de alguém pela fé em Cristo. O Espírito nos dá a confiança e o desejo de orar e capacita-nos a orar mesmo quando não sabemos o que dizer. Os cristãos aprendem que a oração deve dominar seus dias inteiros e sua vida – eles devem orar "sem cessar" (1 Ts 5.17). A oração é tão poderosa que, sempre que lemos a Bíblia, lá está ela. Por quê? Em qualquer lugar que Deus se encontre, lá está a oração. Uma vez que Deus está em toda a parte e é infinitamente grande, a oração deve permear toda a nossa vida (p. 36,37).

Diante da realidade de tudo o que foi expresso, torna-se relevante refletir sobre o oposto, que também é verdadeiro. Quando a oração não é valorizada, compreendida como uma prioridade, como uma atividade extremamente necessária para o crescimento da igreja, haverá frieza, pouco comprometimento, pouca visão e comunhão com o Senhor. Logo, os resultados serão pequenos e estarão sempre aquém diante daquilo que poderia ser feito. Pode o tempo passar, mas a oração jamais sairá de cena.

A História tem demonstrado que homens de oração conquistaram milhares de vidas para Cristo. João Hyde foi um deles que, através da vida de comunhão com Deus e evangelização, alcançou cem mil indianos para Cristo sendo reconhecido pelos amigos como sendo "o apóstolo da oração".

A igreja do nosso tempo precisa orar a fim de que obtenha êxito na comunicação do evangelho!

4.2.4 Sinais e Prodígios (At 5.12)

O ministério terreno do Senhor Jesus Cristo foi coroado por grandes milagres e operação de maravilhas. Basta observar os evangelhos para perceber inúmeras pessoas sendo curadas, transformadas, libertas e, consequentemente, ganhando novo sentido para suas vidas (Jo 21.25).

Com os discípulos não foi diferente. Eles receberam, da parte do Mestre, poder e capacidade para realizar feitos extraordinários que redundariam em glórias ao nome do Senhor (Mt 10.1; Mc 16. 17,18; Lc 9. 1,2).

A igreja nascente contava com os apóstolos em plena atividade e os sinais e prodígios os acompanhavam. O livro de Atos apresenta milagres extraordinários que atestavam a presença atuante do Espírito Santo sobre os Seus servos. Logo no capítulo três, Lucas narra como Pedro e João, cheios do Espírito Santo, foram usados para ministrar a cura de um coxo. Quando as pessoas reconheceram o ex-enfermo, ficaram tomadas de espanto e louvaram a Deus (v. 9).

O evangelho de Marcos relata que os discípulos saíram por toda a parte, não sozinhos, pois contavam com a cooperação do Senhor Deus e a Palavra era confirmada com os sinais que se manifestavam (Mc 16.20). O próprio Cristo afirmou que Seus seguidores fariam obras maiores que as que Ele fizera (Jo 14. 11,12).

Assim como naqueles dias, o Senhor continua usando Seus filhos para a realização de milagres e maravilhas. O objetivo maior da evangelização é a proclamação do evangelho, para que haja arrependimento e transformação de vidas, mas, a graça e a misericórdia de Deus são tão amplas que sinais e prodígios continuam a ocorrer, por intermédio da fé e da oração dos cristãos. Inúmeros testemunhos são relatados, diariamente, sobre a atuação maravilhosa dAquele que *é o mesmo ontem, hoje e permanece para sempre* (Hb 13.8), Jesus Cristo.

4.3 Aprendendo com a Igreja Primitiva

Muitas lições podem ser aprendidas, através da análise da igreja primitiva. A ousadia e coragem, a urgência em tornar Cristo conhecido, os milagres, a vida de oração e comunhão com o Pai das Luzes, a partilha, os cultos nos templos e nas casas e, especialmente, a centralidade das Escrituras são elementos imprescindíveis, que devem ser considerados pelos trabalhadores da seara dos nossos dias.

Não haverá evangelização bem sucedida sem a observância dos princípios até aqui elencados. Os melhores métodos e estratégias serão ineficazes se não forem acompanhados pelas práticas estabelecidas pelos cristãos do primeiro século.

A vida da igreja está no Senhor. É preciso entender que dEle vem o socorro, a provisão, a colheita. Todos os que entendem os princípios estabelecidos na Palavra do Mestre e os praticam são abençoados porque a Palavra do Senhor não mente, ela é a verdade.

Uma igreja que é consciente de sua missão e, ao mesmo tempo, procura fazer a obra do Senhor com alegria e singeleza do coração, assim como fizeram os nossos irmãos, será honrada e verá os frutos do seu grandioso trabalho (At 2.46).

Questão para reflexão

Em sua opinião, a igreja do nosso tempo tem imitado a fé dos irmãos que integraram a igreja primitiva? Quais são os pontos que precisam ser melhorados para que a evangelização alcance maior êxito?

CAPÍTULO 5

Dos Apóstolos à Tarefa Inacabada

Os apóstolos comprometeram-se com a evangelização. Cumprir o "ide" de Cristo passou a ser uma nobre missão à igreja que tinha experimentado o poder de Deus, a virtude que os inspirou a seguir avante, alcançando milhares de pessoas para o Reino eterno. Neste capítulo, caminharemos pelos principais momentos evangelísticos encontrados em Atos e faremos um breve panorama da evangelização ao longo da história da igreja.

5.1 Não Podemos Deixar de Falar (At 4.20)

Pedro e João foram ao templo, às três horas da tarde, para orar. Na entrada, depararam-se com um coxo, esmolando. Pedro, cheio do Espírito Santo, deu ordem ao homem para que levantasse e andasse, no nome de Jesus. Instantaneamente, ele fora curado e saltando, glorificava a Deus. As pessoas que o conheciam, foram tomadas de assombro e admiração diante daquele extraordinário milagre (At 3. 1-12).

Quando contemplou toda aquela comoção popular, Pedro, imediatamente, dirigiu-se ao povo, anunciando-lhe a salvação em Cristo, chamando-o ao arrependimento (11-26). As autoridades, ressentidas, prenderam os pregadores do evangelho (4. 1-3). No entanto, a obra prosperava e o número dos fieis subiu para quase cinco mil (v. 4).

No Sinédrio, Pedro, cheio do Espírito Santo, deu testemunho de Cristo afirmando, categoricamente, que não havia outro meio de salvação fora do Senhor Jesus. Chamou à atenção, o fato de que os apóstolos eram, como eles mesmos disseram, *"iletrados e incultos"*, mas que haviam *"estado com Jesus"* (v. 13). Recomendaram-lhes que não falassem do Messias, todavia, Pedro e João os refutaram, dizendo que não poderiam deixar de anunciar as experiências que tiveram com Deus. Debaixo de ameaças foram soltos, enquanto as pessoas davam glórias perante o milagre ocorrido na vida do coxo (15-22).

Enquanto isso, a igreja se mantinha em fervorosa oração e vivia em unidade. Os apóstolos estavam revestidos de abundante graça e, com muita intrepidez, anunciavam o Cristo ressurreto (4. 23-35). Experiências marcantes causavam espanto e temor nos crentes, como no caso da mentira de Ananias e Safira At 5. 1-11).

Nada conseguia deter a expansão da igreja. Os enfermos eram levados pelas ruas e grande multidão afluía das cidades, com doentes e possessos de espíritos imundos. Todos eram curados e libertos (14-16). Quanta eficácia naquele trabalho evangelístico, coroado pela manifestação divina!

Tomados pela inveja, os líderes religiosos ordenaram a prisão dos apóstolos, mas o anjo do Senhor os libertou. Em seguida, foram encontrados no templo, pregando. As autoridades, sem o uso da violência, temendo uma revolução popular, os trouxeram ao Sinédrio:

> Nisto, indo o capitão e os guardas, os trouxeram sem violência, porque temiam ser apedrejados pelo povo. Trouxeram-nos, apresentando-os ao Sinédrio. E o sumo sacerdote interrogou-os, dizendo: Expressamente vos ordenamos que não ensinásseis nesse nome; contudo, enchestes Jerusalém de vossa doutrina; e quereis lançar sobre nós o sangue desse homem. Então, Pedro e os demais apóstolos afirmaram: Antes, importa obedecer a Deus do que aos homens. O Deus de nossos pais ressuscitou a Jesus, a quem vós matastes, pendurando-o num madeiro. Deus, porém, com a sua destra, o exaltou a Príncipe e Salvador, a fim de conceder a Israel o arrependimento e a remissão de pecados. Ora, nós somos testemunhas destes fatos, e bem assim o Espírito Santo, que Deus outorgou aos que lhe obedecem (At 5. 26-32).

O desejo de assassinar os pregadores do evangelho tomou conta daqueles incrédulos, mas Gamaliel interviu com seu discurso, orientando-os a deixar os apóstolos porque, se a obra que estavam realizando fosse de Deus, permaneceria, caso contrário, sucumbiriam na própria missão. Gamaliel foi ouvido, mas os apóstolos não foram liberados, sem antes receberem açoites e ouvirem, expressamente, ordens para que não pregassem o nome de Jesus. A resposta dos apóstolos veio em forma de regozijo pelo sofrimento pela causa do Senhor e *"todos os dias, no templo e de casa em casa, não cessavam de ensinar e de pregar Jesus, o Cristo"* (33-42).

5.2 Estevão – Homem cheio de Graça e Poder

Estevão aparece no cenário bíblico de Atos dos Apóstolos como um homem cheio do Espírito Santo. Através dele, sinais e prodígios eram realizados entre o povo (At 6. 8,9). Era sua característica falar com sabedoria e deixar os seus perseguidores sem ação, já que não podiam resistir-lhe (vs. 9,10).

Os revoltosos contra Estevão trataram de incitar as autoridades religiosas e o povo contra ele, caluniando-o com afirmações infundadas. A graça de Deus era tão notória na vida do Seu filho que, quando lhe fitaram os olhos, seu semblante era como se fosse rosto de um anjo (vs. 11-15).

Quando o sumo sacerdote interrogou Estevão acerca do que estavam falando a seu respeito, ele começou a discorrer sobre as Escrituras, traçando uma linha histórica a partir de Abraão, passando por nomes importantes do Antigo Testamento, tais como Moisés e Salomão, referências para os judeus e, à medida que falava, os homens eram tomados por grande fúria a ponto de ranger os dentes contra ele (7.1-54).

Estevão, o homem cheio de fé e do Espírito Santo (6.5) não recuou e teve uma profunda experiência com Deus, antes de partir para estar com Ele: *"Mas Estevão, cheio do Espírito Santo, fitou os olhos no céu e viu a glória de Deus e Jesus, que estava à sua direita, e disse: Eis que vejo os céus abertos e o filho do Homem, em pé à destra de Deus"* (55,56).

A fúria era tamanha por parte daqueles homens que, não resistindo, taparam os ouvidos e atacaram o servo do Senhor. Lançaram-no fora da cidade e o apedrejaram. Saulo, um ferrenho perseguidor dos irmãos estava presente e apoiava aquele comportamento terrível e cruel. Ele, que mais à frente teria um encontro com Cristo e transformar-se-ia em um grande propagador do Cristianismo, agora era um religioso ferrenho contra o evangelho (vs.57-60; 8. 3).

Enquanto era apedrejado, Estevão entregava seu espírito nas mãos do Senhor e, à semelhança de Cristo, clamava a Deus para que não fosse imputado tamanho pecado àqueles homens (vs 59,60; I Pe 2. 21-24).

Estevão nos ensina sobre o verdadeiro compromisso com Deus e com a evangelização. De fato, estava ele pronto para ser uma testemunha, um mártir, pela causa do evangelho. O cristão comprometido com o evangelismo pode ter em Estevão um modelo a ser imitado. Ser cheio de fé e da graça de Deus, conhecedor das Escrituras e estar disposto a entregar-se à morte, se necessário for, para tornar o nome de Cristo propagado é uma evidência clara de quem O prioriza e entende que o que está preparado no celeste porvir é muito melhor diante de toda a efemeridade da existência.

5.3 A Evangelização Avança

Uma grande perseguição levantou-se contra a igreja de Cristo em Jerusalém, resultando em dispersão para as terras da Judeia e Samaria (8.1). Estevão foi sepultado por alguns homens piedosos (v.2) e, enquanto isso, Saulo assolava a igreja e prendia os crentes em Jesus (v.3).

A perseguição era um claro sinal de que estava acontecendo um movimento que abalaria as estruturas da igreja naqueles dias, fazendo com que os homens de Deus saíssem de seu território para ganhar muitas vidas para o Reino do Pai:

> Jesus disse que Seus discípulos deveriam ser testemunhas não só em Jerusalém, como também em toda a Judeia, Samaria e até os confins da terra (At 1.8). É provável que vários anos tenham passado entre o primeiro e o oitavo capítulo do livro de Atos dos Apóstolos, mas a igreja ainda não tinha tomado a iniciativa de ultrapassar as fronteiras de Jerusalém a fim de cumprir a sua missão. Na verdade, a perseguição foi o que levou o povo à obediência. Por que isso aconteceu? Jerusalém não era a casa dos apóstolos. A igreja certamente não tinha nenhum edifício, pois as autoridades locais não permitiam a sua construção. Eles não foram saudados com boas vindas. Por que, então a relutância em partir? Um fator provável era que os apóstolos tinham crescido em uma cultura dividida em grupos étnicos bem definidos e determinados. Para eles, pregar o evangelho aos judeus em Jerusalém era um desafio, mas era perfeitamente aceitável. Entretanto, pregar aos samaritanos era algo muito mais difícil. Talvez seja por essa razão que os apóstolos tenham escolhido ficar em Jerusalém, apesar da perseguição movida por Saulo (RADMACHER, ALLEN, HOUSE, 2013, p. 312).

Destaca-se nesse momento, Filipe, que foi pregar em Samaria e, através dele, curas e maravilhas ocorreram (vs.4-8). Simão, o mágico, um homem de grande respeito entre o povo, quando soube da fama de Filipe, abraçou a fé passou a acompanhá-lo, extasiado por ver as maravilhas que Deus operava através dele (vs. 9-13).

Quando os apóstolos receberam a notícia do que ocorrera em Samaria, enviaram Pedro e João até lá. Aqueles novos convertidos não tinham tido a experiência com o Espírito Santo e, à medida que os apóstolos lhes impunham às mãos, eles o recebiam. Simão, o mágico, ofereceu dinheiro aos apóstolos para que fosse concedido a ele o mesmo poder, mas Pedro logo o repreendeu, chamando-o ao verdadeiro arrependimento (vs. 14-24). Após testemunharem pelas aldeias dos samaritanos, voltaram a Jerusalém (v. 25).

Outro fato marcante envolvendo Filipe aconteceu quando teve um encontro com o etíope. O eunuco, oficial do alto escalão da rainha Candace, voltava de Jerusalém e, em sua carruagem, lia nas Escrituras o profeta Isaías, no entanto, não compreendia o sentido de tudo o que estava escrito. Os textos de Isaías 52.13 a 53.12 careciam ser explicados àquele homem e, quando Filipe assim o fez, imediatamente rendeu-se a Cristo, desejando batizar-se. Logo que se depararam com água, pararam a carruagem e Filipe o batizou sendo, logo em seguida, arrebatado. O eunuco voltou jubiloso para sua casa, enquanto Filipe achou-se em Azoto, evangelizando todas as cidades (vs. 26-40).

5.4 Saulo, Saulo, Por que me Persegues?

Timidamente, passa a fazer parte das narrativas bíblicas o nome de Saulo, que será chamado de Paulo e, aos poucos, esse mesmo nome crescerá e causará um profundo impacto, de tamanha relevância, à obra de evangelização. Não é possível falar de evangelismo sem estudar um pouco da vida deste homem que foi um instrumento de Deus para revolucionar o mundo de sua época, não apenas pregando o evangelho e ganhando almas, como também, escrevendo cartas a fim de que a igreja fosse doutrinada e tivesse sua fé sistematizada.

Devotaremos uma breve reflexão sobre a vida e obra de Paulo, haja vista que outras disciplinas deste curso detalham eventos importantes de sua história, como por exemplo, as viagens missionárias. Ainda assim, convém analisar aspectos importantes no tocante á evangelização.

5.4.1 Quem foi Saulo?

Saulo nasceu por volta do terceiro ano da era cristã em Tarso, capital da Cilícia. Tarso fora considerada uma cidade importante e respeitada naquele tempo, com vários prédios públicos e palácios, honrada por autoridades imperiais. Sua grandeza também residia no fato de ser um centro cultural e financeiro e, nela, grandes e famosas peças teatrais foram apresentadas.

Os pais de Saulo pertenciam à tribo de Benjamim e seu nome pode ter sido escolhido em alusão a Saul, o primeiro rei de Israel. Paulo era seu nome latino. Sendo filho de fariseu, desde muito cedo aprendeu a considerar os escritos de Moisés com muita seriedade. Os costumes judaicos seriam arraigados em seu ser, tornando-o um profundo defensor do judaísmo. Os rabinos apregoavam que a partir dos cinco anos, a criança deveria começar a receber as lições em casa, com os próprios pais. A pedagogia inicial com os filhos dava-se pela tarefa de decorar textos. Com seis anos, eram levados para a escola de rabinos.

A sinagoga era o local frequentado por Saulo desde a sua meninice. Aos treze anos, pôde integrar sua ala masculina, tornando-se responsável por suas ações. Ele passara pela experiência do *bar mitzvah*.

Era de praxe ensinar uma profissão aos filhos. Com o pai de Saulo não foi diferente. Tarso também era famosa por seus tecelões. Um tecido especial era daquela região, o cilicium. Além disso, os rabinos diziam que o pai que não estava comprometido em ensinar um trabalho ao filho, poderia vê-lo transformar-se em ladrão, afinal de contas, se não sabia trabalhar para ganhar o próprio sustento, roubaria o pão de outra pessoa para sobreviver.

Indubitavelmente, um momento importante na vida de Saulo foi quando seu pai o enviou a Jerusalém, para estudar aos pés de Gamaliel. Nome importante, Gamaliel era fariseu, possuía grande reputação, seu pai era o rabino Simeão e, seu avô, Hillel, um dos mais cultos rabinos que Israel conhecera. Sobre o rabino, Ball (1998) afirma que:

> Gamaliel era um homem de meia idade, forte e vigoroso. O povo o considerava tanto que o chamava de *raban*. Embora fosse um fariseu severo, era justo e mais tolerante que a maioria de seus pares. Anos mais tarde, quando o apóstolo Pedro fosse julgado perante o Sinédrio por falar de Jesus, Gamaliel aconselharia seus colegas a deixa-lo em paz. [...] É certo que Gamaliel seguiu os passos do pai e do avô em sua tolerância; havia, porém, rabinos mais severos e inflexíveis. O rabino Shammai era tão estreito de mente que foi chamado de "o Presilha". Ele prendia seus seguidores com tantas regras, que a religião tornara-se-lhes enorme fardo. Hillel, por outro lado, como fosse bondoso, generoso e tolerante, recebeu o título de "O afrouxador" (p. 36).

Aos poucos, Saulo foi se destacando e crescendo em sua formação junto ao mestre Gamaliel. Com o passar do tempo, o Cristianismo também ganhou força e expandiu-se. Certamente, Saulo ouvira falar sobre o que considerava uma seita. Ele tivera conhecimento sobre os eventos que envolveram a vida de Cristo, Seu ministério, Sua morte e o discurso de Sua ressurreição.

Como grande defensor do judaísmo, com todas as suas forças, gastaria suas energias e sua vida, se preciso fosse, para combater a expansão daquele novo movimento que, cada vez mais, arrebanhava pessoas de fé judaica. Seus próprios pregadores eram judeus, o que deveria deixar Saulo mais ainda perplexo.

Enfim, é nos relatos envolvendo a história de Estevão que o encontramos, concordando com sua morte e liderando uma atroz perseguição contra a igreja de Deus (At 8.1, 3; 9.1, 2). Todavia, o que estava prestes a acontecer, transformaria radicalmente sua vida, transformando-o, de ferrenho perseguidor a perseguido pela causa de Jesus.

5.4.2 A Conversão

Perseguir os cristãos era sua meta e coibir o crescimento do evangelho, seu objetivo maior. É possível imaginar sua ira, sua indignação e revolta contra a igreja, a ponto de pedir cartas a Damasco para prender os anunciadores do evangelho de Jesus (At 9. 1,2).

Todavia, no caminho, Saulo foi surpreendido por algo totalmente inesperado: uma luz do céu brilhou ao seu redor e o próprio Cristo se lhe apresentou:

> *E, indo no caminho, aconteceu que, chegando perto de Damasco, subitamente o cercou um resplendor de luz do céu. E, caindo em terra, ouviu uma voz que lhe dizia: Saulo, Saulo, por que me persegues? E ele disse: Quem és, Senhor? E disse o Senhor: duro é para ti recalcitrar contra os aguilhões. E ele, tremendo e atônito, disse: Senhor, que queres que te faça? E disse-lhe o Senhor: Levanta-te e entra na cidade, e lá te será dito o que te convém fazer. E os varões, que iam com ele, pararam espantados, ouvindo a voz, mas não vendo ninguém. E Saulo levantou-se da terra e, abrindo os olhos, não via a ninguém. E, guiando-o pela mão, o conduziram a Damasco. E esteve três dias sem ver, e não comeu, nem bebeu* (At 9. 3-9).

A partir daquele momento, Saulo tonar-se-ia um grande evangelista. Sua experiência com Cristo o transformara. Ananias recebeu uma visão da parte de Deus, ordenando-lhe que fosse até à casa de Judas, na rua chamada Direita, e perguntasse por Saulo. De início, ficou temeroso porque ouvira de sua fama de perseguidor, mas o Senhor lhe disse: *"Vai porque este é para mim um vaso escolhido, para levar o meu nome diante dos gentios, e dos reis, e dos filhos de Israel. E eu lhe mostrarei quanto deve padecer pelo meu nome"* (9. 15,16). De fato, o propósito mudara. Saulo logo foi visto em Damasco, testemunhando acerca de Jesus, afirmando, categoricamente, que Ele era o Filho de Deus. As pessoas ficaram confusas e questionaram sobre o que poderia ter-lhe acontecido. Não demorou muito para que os judeus tramassem sua morte, mas os discípulos o salvaram e ele foi para Jerusalém. Quando lá chegou, os crentes temeram, duvidando de sua conversão, mas Barnabé se encarregou de levá-lo aos apóstolos, dando testemunho do que lhe ocorrera. Saulo passou a pregar a fé cristã, com ousadia e garra (9. 17-30). Um grande movimento de evangelização estava acontecendo e *"as igrejas em toda a Judeia, e Galileia, e Samaria tinham paz e eram edificadas; e se multiplicavam, andando no temor do Senhor e consolação do Espírito Santo"* (v. 31).

5.4.3 As Viagens Missionárias

Para que se compreenda toda a mudança no cenário da evangelização que estava por vir a fim de alcançar o mundo, especialmente através das viagens missionárias de Paulo, convém relembrar que Pedro viveu uma experiência que transformou radicalmente a forma dos apóstolos enxergarem a mensagem do evangelho, bem como a necessidade de sua expansão. Os gentios, assim como os judeus, eram dignos da salvação. A história envolvendo Cornélio e sua casa quebrou paradigmas. Este homem temente a Deus precisava conhecer o Espírito Santo enquanto Pedro teria que romper com suas concepções estritamente religiosas e judaicas, a fim de que o evangelho chegasse para todos. Com ambos, Deus agiu de tal maneira, resultando em salvação e mudança de mentalidade (At 10; 11). Antioquia passou a ser um centro evangelístico e, nela, os discípulos foram chamados pela primeira vez de cristãos (At 11. 19-26).

Muitos outros eventos extraordinários marcam o livro de Atos dos Apóstolos e inspiram a caminhada de todos os que se ocupam com o trabalho da evangelização. Observar o que os cristãos passaram pela causa de Cristo deve motivar os crentes à perseverança, ao destemor e à certeza de que vale a pena dedicar-se à seara do Mestre Jesus.

Lucas, escrevendo a Teófilo, dedicou boa parte do livro de Atos às narrativas acerca das viagens missionárias de Paulo. Na medida em que levava a mensagem de Cristo, inúmeras experiências, inclusive de morte, o cercaram. Logo na primeira viagem missionária (At 13. 4-13) deparou-se com tamanha idolatria e com um falso profeta, chamado Barjesus (At 13.6). Muitos gentios foram evangelizados. A Palavra era anunciada (v. 49), enfermos eram curados (14. 8-18) e desafios eram superados, como no caso do apedrejamento (v. 19), todavia, a alma dos discípulos era fortalecida porque *"por muitas tribulações nos importa entrar no reino de Deus"* (v.22).

A segunda viagem, após o concílio de Atos 15, ocorreu junto a Silas e, Tarso, a cidade natal de Paulo, fez parte do percurso da visita. Timóteo aliou-se aos homens de Deus para a obra de evangelização. Um momento marcante da segunda viagem foi quando Paulo teve a visão do homem da Macedônia, suplicando-lhe que até lá chegassem (At 16.9). A conversão de Lídia e a transformação de uma jovem que tinha o espírito de adivinhação foram experiências que marcaram o momento, bem como a prisão e os açoites de Paulo e Silas (16. 11-40).

Pregaram em Tessalônica, foram até Bereia, onde *"estes eram mais nobres que os de Tessalônica; pois receberam a palavra com toda a avidez, examinando as Escrituras todos os dias para ver se as coisas eram, de fato, assim"* (At 17.11). Em Atenas, Paulo discursou sobre o "deus desconhecido", partiu para Corinto, onde *"permaneceu por um ano e seis meses, ensinando entre eles a palavra de Deus"* (v.11). Diante do tribunal de Gaio sofreu espancamentos (12-17), mas não deixou de anunciar o Cristo.

A terceira viagem de Paulo foi coroada por vitórias e desafios, assim como foram as anteriores. Um homem chamado Apolo, varão eloquente, conhecedor das Escrituras e que pregava sobre o Cristo, conhecia apenas o batismo de João. Priscila e Áquila se encarregaram de lhe expor o caminho do Senhor mais pontualmente e, logo continuou seu trabalho como um grande evangelizador (18. 24-28).

Por onde passava, o Espírito Santo se manifestava, através de Paulo. Curas aconteciam, demônios eram expulsos e sinais e maravilhas o acompanhavam (At 19. 5, 11,12). Evangelizou em Éfeso, esteve na escola de Tirano, enfrentou Demétrio, fez nova visita à Macedônia e Grécia, pregou em Trôade, quando prolongou seu sermão e Êutico caiu do terceiro andar , esteve em Mileto, passou por outras cidades, pregando, ensinando e encorajando os cristãos, até que voltou a Jerusalém (At 19; 20; 21).

Ao voltar a Jerusalém, o pastor da igreja, Tiago, alegrou-se com as novas contadas por Paulo acerca da evangelização dos gentios. No entanto, os judeus se levantaram contra ele, alegando que seus compatriotas estavam sendo incitados a abandonar a lei de Moisés (At 21. 27,28). Após idas e vindas perante as autoridades, enfrentando acusações e humilhações, vários eventos culminaram para que fosse levado a Roma, diante do imperador, haja vista que era um cidadão romano. Em Roma, Paulo permaneceu preso, em prisão domiciliar, por dois anos. É pertinente citar que maravilhas divinas foram operadas ao longo do trajeto, sendo ele guardado de naufrágio e, sendo picado por uma víbora, não morreu (At 22 a 28).

O livro de Atos tem seu desfecho, afirmando que *"Paulo ficou dois anos inteiros na sua própria habitação que alugara e recebia todos quantos vinham vê-lo. Pregando o Reino de Deus e ensinando com toda a liberdade as coisas pertencentes ao Senhor Jesus Cristo, sem impedimento algum"* (At 28. 30, 31).

A vida de Paulo será sempre uma inspiração à obra evangelística. Sua genuína conversão e a demonstração do seu amor pela evangelização dos perdidos o levaram a enfrentar inúmeras situações perigosas, desafiadoras e de morte, sempre compensadas pela alegria de servir a Cristo, de ganhar almas para o Reino de Deus, cumprindo, assim, seu chamado com enorme satisfação. Para ele, pouco importava as circunstâncias dolorosas que atravessava. Ele mesmo afirmou: *"Em nada considero a minha vida preciosa para mim mesmo, contanto que complete a minha carreira e o ministério que recebi do Senhor Jesus Cristo para testemunhar o evangelho da graça de Deus"* (At 20.24).

A obra evangelística é, por vezes, espinhosa. Deve ser levada a sério, com oração e com lágrimas (Sl 126.6). Enfrentar o inferno para salvar vidas implica em uma batalha ferrenha a ser travada, todos os dias. Os filhos de Deus, que têm compromisso com a evangelização, não podem ser levianos e despreparados na guerra. Tomar a armadura de Deus é fundamental (Ef 6).

Quando Paulo precisou defender seu apostolado, em II aos Coríntios 11, ele mesmo narrou seu sofrimento por amor ao Evangelho:

> *São hebreus? Também eu. São israelitas? Também eu. São descendência de Abraão? Também eu. São ministros de Cristo? (Falo como fora de mim). Eu ainda mais: em trabalhos, muito mais; em açoites, mais do que eles; em prisões, muito mais; em perigo de morte, muitas vezes. Recebi dos judeus cinco quarentenas de açoites menos um. Três vezes fui açoitado com varas, uma vez fui apedrejado, três vezes sofri naufrágio, uma noite e um dia passei no abismo; Em viagens, muitas vezes; em perigos de rios, em perigos de salteadores; em perigos dos da minha nação; em perigos dos gentios, em perigos na cidade, em perigos no deserto, em perigos no mar, em perigo entre os falsos irmãos; em trabalhos e fadiga, em vigílias, muitas vezes, em fome e sede, em jejum, muitas vezes, em frio e nudez. Além das coisas exteriores, me oprime cada dia o cuidado de todas as igrejas* (vs. 22-28).

A Bíblia é o livro de fé do cristão e as histórias nela narradas devem inspirá-lo a viver para agradar a Deus. Aqueles que se propõem a fazer a vontade do

Senhor devem estar dispostos a semear a Sua Palavra. Ela é a verdade que liberta o homem pecador. Paulo ensina aos irmãos que a obra de Deus deve ser prioridade porque a eternidade é tão real quanto à leitura que se faz deste livro texto neste momento. Se todos entendessem, com clareza, o que é a eternidade e como é vivê-la longe de Deus, apegar-se-iam à vontade divina e, sem tosquenejar, incessantemente anunciariam a mensagem de salvação eterna em Cristo Jesus.

5.5 Do Primeiro Século aos Dias Atuais

A Palavra pregada nos tempos dos apóstolos chegou até nós. Ao longo dos séculos, inúmeros foram os desafios atravessados pela Igreja. Tempos de perseguição e morte, de aceitação e bonança, heresias e distorções do verdadeiro sentido das Escrituras, reforma, movimentos filosóficos, avivamentos, dentre outros elementos, caracterizavam a trajetória do corpo de Cristo na Terra.

O imperativo da evangelização tem movido cristãos a pregarem a mensagem de salvação a todos os povos, mesmo diante de situações desfavoráveis. Isso pode ser percebido logo nos primeiros séculos, quando Roma perseguiu os filhos de Deus, por questões políticas, religiosas, sociais e econômicas. Cairns (2012) explica que Nero (54 – 68 d.C.) culpou os cristãos pelo grande incêndio em Roma e que as perseguições ocorriam de forma esporádica e localizada, até por volta do ano 250, quando tornaram-se generalizadas e muito violentas.

A convicção do evangelho e a experiência com o Cristo vivo faziam com os cristãos mantivessem firmemente suas convicções, a ponto de morrer pela causa do Senhor. Podiam se reunir nas catacumbas, cheios de regozijo e gratidão a Deus pela nova vida em Cristo.

O coliseu romano foi palco e espetáculo para imperadores e algozes que vibravam com a morte atroz de inúmeros seguidores de Cristo. No entanto, muitos se convertiam porque viam a mão de Deus operar prodígios e maravilhas. O´Reilly (2017) comenta que:

> Os mártires de ambos os sexos, desde a mais tenra à mais avançada idade, não apenas suportavam com força sobre-humana os seus sofrimentos, como os saudava com alegria, visando a glória de Deus e a conversão dos pagãos. Seus próprios perseguidores eram forçados a aplaudir o heroísmo daqueles a quem odiavam tão amargamente, e a sentir-se desgostosos e afligidos diante das atrocidades que eles mesmos haviam exigido (p. 54, 55).

Como se pode observar, glorificar a Deus era o alvo maior dos cristãos que, jubilosos, entregavam suas vidas à morte. Recuar não era a palavra de ordem e, sim, avançar a fim de agradar a Cristo, para obter o céu, a eterna morada. González (2012) ao comentar sobre os assassinatos dos cristãos relata que:

> O martírio de Blandina, uma mulher frágil por quem temiam seus irmãos, foi o mais destacado de todos esses martírios. Quando lhe chegou o momento da tortura, mostrou tal resistência que os verdugos tinham de se alternar. Quando vários dos mártires foram levados ao circo, Blandina foi pendurada num madeiro no meio deles, e dali ela os encorajava. Como as feras não a atacaram, os guardas a levaram de novo ao cárcere. Por fim, nesse dia de tão bárbaros espetáculos, Blandina foi torturada em público de diversas maneiras. Primeiro a açoitaram; depois a fizeram ser mordida por feras; em seguida fizeram-na assentar-se em um assento de ferro quente; e ainda a encerraram em uma rede e fizeram com que um touro bravio a chifrasse. Como em meio de tais tormentos Blandina seguia firme em sua fé, finalmente as autoridades ordenaram que fosse degolada (p.53, 54).

Cristãos dos primeiros séculos, como é o caso da Blandina, entenderam que seguir a Cristo e testemunhar sobre Ele era, antes de tudo, colocar-se à disposição para perder a própria vida, como um mártir e, com isso, experimentar o gozo e a paz na vida eterna com o Senhor. Entregar a própria vida era um testemunho vivo do Cristo que se entregou por nós na cruz do Calvário.

É importante observar ainda que, a partir do segundo século, homens sérios defendiam a igreja dos ataques internos e externos. Eram os apologistas e os polemistas. Conhecidos como pais da Igreja, Justino, Clemente de Roma, Irineu, Tertuliano, Jerônimo, Ambrósio, Cipriano, Agostinho, dentre outros, além da obra de evangelização, preocuparam-se com a preservação da sã doutrina, frente às várias heresias que surgiam, com o intuito de denegrir a pureza da fé cristã.

A partir do século IV, o imperador Constantino, no episódio conhecido como "batalha da ponte Mílvia", afirmou ter tido uma experiência mística, quando viu um sinal no céu, em formato de uma cruz, com os seguintes dizeres em latim: "com este sinal, irás vencer". Tendo derrotado seu inimigo, atribuiu sua vitória ao Cristo dos cristãos e adotou, a partir de então, o Cristianismo como a religião oficial do Império. Neste tempo, a igreja passou a desfrutar de inúmeros privilégios. O poder temporal começou a misturar-se com o poder espiritual e eterno.

Dos séculos seguintes até à Idade Média, tempos de profunda escuridão espiritual cercaram o Cristianismo. Surgiu o papado que, com o passar dos anos, foi-se fortalecendo, instalando e reforçando a manutenção de diversas heresias e distorções da realidade bíblica que foram sendo difundidas no seio da igreja, com o intuito de manter seu poderio. A riqueza material e a vida promíscua de muitos clérigos denunciavam uma Igreja em franca decadência. Foi um período de frieza e o evangelho tornou-se mecânico, embora homens notáveis surgiram, tais como John Wycliffe, John Huss e Jerônimo Savonarolla conhecidos como prerreformadores, bem como outros piedosos que clamavam por mudança no seio eclesiástico.

Foi na Reforma Protestante, protagonizada especialmente por Martinho Lutero, João Calvino e John Knox, no século XVI, que a evangelização ganhou novo fôlego. Os pilares da Reforma: somente Cristo, somente a Graça, somente a Fé, somente as Escrituras e o sacerdócio de todos os crentes trouxeram novo sentido para a vida cristã, além do que, com o advento da imprensa, a Bíblia traduzida por Lutero para o alemão passou a estar nas mãos dos cristãos e as reuniões e cultos tornaram-se inteligíveis, sendo realizados no vernáculo do povo. Até então, as missas eram celebradas em latim e, somente os religiosos tinham acesso às Escrituras.

Os séculos seguintes foram marcados por profundas mudanças. O Renascimento e, especialmente o Iluminismo e o racionalismo trouxeram ao mundo novas formas de interpretação da realidade, adquirindo a ciência e a razão posições de destaque no pensamento humano, influenciando a Igreja. Nesse tempo, importantes personagens da filosofia, como Kant e Hegel influenciaram a religião e a forma de pensar as Escrituras. Críticos da Bíblia discursaram sobre ela, afirmando que se tratava de uma produção evolutiva do pensamento religioso, enquanto procuravam desestimular a ideia de revelação sobrenatural.

Todavia, a História também registra grandes e importantes avivamentos, onde a chama da evangelização inflamou os corações dos cristãos e milhares de vidas foram alcançadas para Cristo. Dos séculos XVIII a XX, vários momentos de despertamento espiritual resultaram em volta às Escrituras e maciças conversões. Nomes como John Wesley, Charles Finney, Dwight Lyman Moody, Charles Spurgeon, tantos outros pregadores foram célebres na evangelização do mundo.

Outro fator importante diz respeito ao movimento pentecostal, oriundo dos

Estados Unidos, a partir de 1900. A ênfase dada ao Espírito Santo e ao batismo, com a evidência do falar em línguas, e a atualidade dos dons espirituais causaram um impacto na Igreja, resultando em grande expansão e salvação de almas.

O Brasil, desde a chegada dos portugueses, inicialmente, passou por experiências tímidas de evangelização, mas o século XIX apresenta nomes importantes, tais como Robert Kalley, o médico escocês e sua esposa, Sarah Kalley. Surgiram também as primeiras denominações, como a Igreja Congregacional, Presbiteriana, Metodista e Batista.

No século XX, sob a influência do pentecostalismo norte-americano, chegaram a terras brasileiras as denominações pentecostais: Assembleia de Deus e Congregação Cristã no Brasil. Mais tarde, surgiram a Igreja do Evangelho Quadrangular, O Brasil para Cristo e Deus é Amor. Igrejas chamadas de neopentecostais também despontaram no cenário brasileiro, com ênfase dada à cura divina e prosperidade financeira e econômica. Destacam-se a Igreja Universal do Reino de Deus, a Igreja Internacional da Graça de Deus, Igreja Apostólica Renascer em Cristo e Igreja Mundial do Poder de Deus.

Em poucas linhas, pôde-se traçar uma breve linha do tempo, com alguns aspectos que envolveram a evangelização mundial. É fato que muitos conheceram o Evangelho, por ele se entregaram à morte, deixaram suas casas, famílias e países a fim de cumprir a ordenança do Messias. Ainda hoje, enquanto esta disciplina é estudada, ecoa e deve soar forte, como o badalar dos sinos, as palavras vivas e poderosas do Mestre Jesus: *"Ide por todo o mundo e pregai o evangelho a toda criatura"* (Mc 16.15).

Questão para reflexão

Os cristãos dos primeiros séculos eram fervorosos no espírito e ardorosos na obra de evangelização. Reflita sobre isso e analise se a igreja dos nossos dias tem mantido o mesmo vigor e a chama acesa por tornar Cristo conhecido dentre as nações.

O ALVO DA EVANGELIZAÇÃO: O HOMEM

Todo trabalho de evangelização tem um único propósito: alcançar o Homem. O Evangelho é, justamente, o anúncio das boas novas de esperança, salvação e, sobretudo, da vida eterna. Somente através de Cristo Jesus é que este Homem poderá preencher todos os requisitos que garantem a eternidade junto ao Criador de todas as coisas, o Senhor Deus. Sim, somente através de Jesus é que a comunhão poderá ser restabelecida e a aliança, outrora quebrada pelo pecado, restaurada.

Nesta unidade focar-se-á o Homem, observando-o em quatro momentos. No primeiro capítulo, será apresentado o ser humano em sua completa estrutura: física, psicológica, social e espiritual. No segundo, haverá uma reflexão sobre as inquietudes humanas. No terceiro, uma discussão de extrema importância, apresentando as enfermidades da alma e como deve proceder o evangelizador para com aqueles que estão adoecidos emocionalmente. Por fim, no quarto capítulo, será realizada uma análise da pós-modernidade, com suas ideologias, filosofias e seus mecanismos de condução do pensamento humano.

CAPÍTULO 1

O Homem: Quem é Ele?

O Homem é um ser complexo e é o alvo da evangelização. A mensagem evangelística tem com objetivo alcançá-lo, para que conheça e luz de Cristo, O reconheça como único Salvador e Senhor e viva em novidade de vida (Rm 6.4; II Co 5.17). A proposta bíblica de salvação inclui o resgate do ser humano por completo, abrangendo sua materialidade, ou seja, o seu corpo, quanto sua imaterialidade, isto é, sua alma, com suas emoções e vontades e, por fim, seu espírito. Neste capítulo, trabalharemos mais detalhadamente a estrutura do Homem a fim de que compreendamos o ser humano em sua integralidade.

1.1 A Formação e Composição Humana

A Organização Mundial da Saúde (OMS) é um órgão ligado à Organização das Nações Unidas (ONU), criado em 1948, após a Segunda Guerra Mundial, que tem como objetivo desenvolver o nível de saúde dos povos.

Defensora da integralidade humana, a OMS define o Homem como sendo um ser biopsicossocial e espiritual. Este olhar sobre a condição humana aponta para a necessidade da igreja entender que fazer a obra de evangelização implica em alcançar todas as áreas da existência, sem negligenciar nenhuma delas.

É evidente que o objetivo maior do corpo de Cristo é ganhar almas para a eternidade, através do sacrifício vivo de Jesus. Alcançar e preparar pessoas para viverem a vida eterna com Deus deve ser a prioridade número um dos missionários e evangelistas, mas não se deve, jamais, negligenciar as ações solidárias de ajuda humana. Desconsiderar a seriedade disso denota a não compreensão das Escrituras, no tocante ao cuidado com a obra prima da criação: o Homem.

1.1.1 O Homem – Um Ser Biológico

O Homem é um ser biológico dotado de um corpo com uma estrutura extremamente complexa e que constantemente atua para a manutenção da vida. Composto por genética e hereditariedade, o corpo humano é formado por células, nervos, ossos e está dividido basicamente em cabeça, tronco e membros. Um amplo sistema mantém sua regulação, tais como, o digestório, circulatório, cardiovascular, endócrino, imunológico, excretor, urinário, reprodutor, linfático, dentre outros.

Os cinco sentidos que integram o sistema sensorial: visão, audição, tato, olfato e paladar são de suma importância para que o sistema nervoso receba as informações, decodifique-as e envie respostas corporais. Da mesma forma, é o sistema endócrino que se ocupa da regulação das glândulas que produzem os hormônios responsáveis pelo equilíbrio da tireoide, da hipófise e das sexuais.

Outra característica extraordinária sobre o corpo humano é que ele é composto de 206 ossos, de tamanhos e formas diferentes. Os ossos são uma estrutura viva, com dinamismo e grande resistência, sendo capaz de regenerar-se, quando fraturado.

A cabeça humana é composta de vinte e dois ossos, sendo catorze na face e oito na caixa craniana. Além disso, seis ossos compõem a parte interna do ouvido. A coluna vertebral é dotada de alta flexibilidade, formada por vinte e quatro vértebras que atuam com independência enquanto nove são fundidas. O tórax é formado por doze pares de costelas ligadas umas às outras, as mãos possuem vinte e sete ossos e os pés, vinte e seis.

A pele é de suma importância, além de ser o maior órgão do corpo humano, capaz de regular grande parte das ações do ambiente externo e do interno. A pele ajuda no controle da temperatura corpórea e evita que líquidos se percam.

Poder-se-ia detalhar uma série de informações acerca do corpo humano, todavia, esta não é a intenção da disciplina. Por ora, resta ao estudante ter uma noção da grandeza de Deus ao criar o Homem, dotando-o de tamanha complexidade física. Deus é o arquiteto e o construtor deste poderoso e complexo maquinário e não compete ao cristão menosprezá-lo jamais (Gn 2.7).

Ao longo da história da Igreja, muito se desprezou o corpo, reduzindo-o a nada. Um exemplo claro pode ser observado nos primeiros séculos da era cristã, através de um movimento que ficou conhecido como Gnosticismo. Os gnósticos faziam uma mistura de filosofia e religiosidade; para eles, defensores da salvação por meio de uma evolução espiritual, a matéria era má e, desta forma, deveria ser castigada e rejeitada. A alma, elemento importante para o gnosticismo, estava presa neste mundo material, portanto, libertar-se dele era o caminho para a plenitude e salvação.

Infelizmente, a ideia de olhar para o corpo com desdém ultrapassou os séculos e chegou até muitos de nós. No entanto, é de extrema que os cristãos entendam que a obra de evangelização implica em estabelecer estratégias que visam ajudar e socorrer os mais necessitados em suas necessidades físicas. Aliás, não adiantará pregar o evangelho se a igreja não puder satisfazer a fome e o frio dos necessitados. A fé cristã deve ser demonstrada pelas obras. Obras não salvam, mas dão testemunho da salvação em Cristo Jesus:

> *Meus irmãos, que aproveita se alguém disser que tem fé e não tiver as obras? Porventura a fé poderá salvá-lo? E, se o irmão ou irmã estiverem nus e tiverem falta de mantimento cotidiano, e algum de vós lhes disser: Ide em paz, aquentai-vos e fartai-vos; e lhes não derdes as coisas necessárias para o corpo, que proveito virá daí? Assim também a fé, se não tiver as obras será morta em si mesma. Mas dirá alguém: Tu tens a fé, e eu tenho as obras; mostra-me a tua fé sem as tuas obras, e eu te mostrarei a minha fé pelas minhas obras* (Tg 2. 14-18).

Evangelizar é atender as necessidades do próximo, aconselhando-o a buscar ajuda médica, se necessário for, levar comida para o que tem fome e água para o que tem sede. Compreender que o corpo faz parte de todo o projeto divino para o Homem fará com que a evangelização ganhe nova visão e os alcances serão mais efetivos, redundado em resultados benéficos e duradouros para o Reino de Cristo na Terra.

1.1.2 O Homem – Um Ser Psicológico

O Homem é um ser psicológico, ou seja, detentor de uma psiquê. Tratar de questões que envolvem a vida psicológica humana é de tamanha complexidade a ponto de não existir uma teoria que abarque todas as demandas. Desde a antiguidade, as religiões buscaram explicar fenômenos ligados à psiquê humana, assim como os filósofos que debruçaram sobre o tema, como Platão, por exemplo e, mais recentemente, diversos teóricos tem procurado desvendar as questões que a envolvem.

O comportamento do Homem tem suscitado vários posicionamentos teóricos e metodológicos, especialmente a partir do século XIX. Umas das correntes mais clássicas é o *behaviorismo* (do inglês, *behavior,* comportamento) defendido por J.B. Watson e por B. F. Skinner, no século XIX, cuja atenção fora voltada para os fenômenos que envolviam muito mais as reações entre estímulo e resposta do que fatores introspectivos. Ao Behaviorismo interessava observar e entender porque determinados comportamentos ocorriam e quais eram os seus estímulos causadores.

Um marco revolucionário sobre os estudos da psiquê humana ocorreu através do renomado médico neurologista austríaco, conhecido como o Pai da Psicanálise, cujo nome era Sigmund Freud. Freud acompanhou vários casos de pessoas com problemas emocionais e desenvolveu um método de terapia que valorizava a importância da fala e da escuta terapêutica. Segundo Freud, há uma força que impulsiona as ações e comportamentos humanos. A ela, deu o nome de inconsciente. Para Freud, o Homem é regido pelo inconsciente.

De fato, a psicanálise foi um divisor de águas na história da humanidade e outros teóricos, conhecidos como psicanalistas, tais como Anna Freud, Gustav Carl Jung, Melanie Klein, dentre outros, trouxeram grandes contribuições para o entendimento da psiquê.

Mais recentemente, um médico psiquiatra norte-americano, chamado Aaron Beck, propôs um olhar diferenciado sobre a vida psicológica humana. Beck considerou que o Homem tem condições de trabalhar com aquilo que conhece, ou seja, com conteúdos que estão em sua consciência. Especialmente nos estudos sobre depressão e ansiedade, Beck considerou a importância dos pensamentos e o quanto estes influenciavam diretamente os sentimentos, as emoções e os comportamentos.

Desta forma, por exemplo, uma pessoa que alimenta constantes pensamentos negativos, consequentemente, terá suas emoções e sentimentos abalados, tomados pela angústia, pela tristeza, pelo vazio, pela preocupação, dentre outros. Como resultado, seus comportamentos tenderão a refletir essa condição interna.

Um jovem deprimido, por exemplo, sentindo-se incapaz de conquistar suas coisas, poderá viver recolhido ao seu quarto por achar que sua vida não tem sentido e que não conseguirá realizar seus objetivos. Na medida em que alimenta tais pensamentos, suas emoções e sentimentos negativos são reforçados e, com a intensificação dos sentimentos e emoções, pensamentos ruins e cada vez mais intensos e catastróficos insistirão em permanecer, causando um ciclo vicioso e repetitivo de dor e sofrimento.

Diante disso, Beck apregoava a necessidade de uma reestruturação cognitiva, pois através dela, a pessoa poderia desenvolver pensamentos mais saudáveis e equilibrados sobre as circunstâncias e isso faria com que suas emoções e sentimentos fossem reorganizados, gerando comportamentos mais adaptados à realidade.

Outro aspecto abordado pelo teórico salienta que todo ser humano é formado por crenças, que vão se formando desde a mais tenra infância. Uma crença é um padrão de ideias, pensamentos e concepções que uma pessoa desenvolve sobre determinado assunto ou coisa. Não se trata aqui de crença religiosa, mas de formas de interpretação da realidade que podem ser saudáveis ou não.

O desafio do ser humano é encarar suas crenças desadaptadas e estabelecer um acompanhamento para romper com o ciclo de sofrimento, que pode estar paralisando sua existência. Enquanto isso não acontece, a pessoa poderá perder oportunidades e possibilidades que lhes forem apresentadas.

Todo ser humano é dotado de personalidade. Cada um é um, único em seu ser, com aptidões, inclinações e habilidades. Na personalidade, estão as características do temperamento que dão forma à manifestação do indivíduo perante a vida, através de suas escolhas e reações diante das circunstâncias.

A formação da personalidade está diretamente ligada a três fatores: genética/ hereditariedade, ambiente sociocultural e história de vida. Na medida em que o Homem vai se desenvolvendo, estes elementos serão constitutivos do seu ser e nortearão sua caminhada existencial.

É notório observar nas Escrituras Sagradas as diversas manifestações do psiquismo, através do estudo de cada personagem nela apresentado. Podem ser percebidas as diferenças de personalidade e temperamentos através da observação da vida dos discípulos de Cristo, por exemplo. Deus os usou de forma pessoal, respeitando cada individualidade, transformando o caráter e manifestando em cada um, a Sua gloriosa presença.

Sendo um livro de sentimentos e emoções, a Bíblia mostra a alegria e a tristeza, a raiva e a paz, a dor e a cura das emoções das personagens que servem de inspiração para a caminhada cristã. Ainda cabe lembrar uma cena marcante, quando o próprio Cristo chorou, diante do tumulo de Lazaro, ao ver a dor e comoção de Maria e de boa parte dos que ali estavam (Jo 11. 33-35).

Estas brevíssimas considerações apontam para a necessidade de compreender a complexidade do psiquismo humano e, ao mesmo tempo, considerar que a mensagem do evangelho é poderosa para transformar personalidades e trazer vida, alegria, paz e esperança a todo aquele que está preso às emoções dolorosas, aos traumas e às sequelas da dor e do sofrimento.

Evangelizar é anunciar a mensagem que cura as feridas da alma e faz com que o Homem viva com qualidade de vida em suas emoções, sentimentos e pensamentos. Cristo deseja ver Seus filhos curados porque se assim estiverem, serão fonte de cura para o pecador.

1.1.3 O Homem – Um Ser Social

Diante da constatação de que o Homem é um ser biológico e psicológico, é salutar compreendê-lo dentro do seu contexto social, porque necessita viver em comunidade, em sociedade. O ser humano não foi projetado para manter-se isolado, sozinho, antes, depende do outro para sobreviver, assim como contribui para que o outro se estabeleça na existência. Basta observar um recém-nascido. O bebê é totalmente dependente do adulto para que tenha suas necessidades mais básicas sanadas. Seu repertório inicial é limitado e o choro é um dos seus poucos mecanismos para a sobrevivência. Por isso, ao chorar, o adulto logo se encarrega de procurar saber qual é a demanda que precisa ser suprida naquele momento. Na medida em que esse bebê se desenvolve e cresce, assumirá pequenas responsabilidades que contribuirão para a sua autonomia, que só virá, definitivamente, na vida adulta. Mas é certo que, se for abandonado e não tiver quem lhe dê suporte nos primeiros anos de vida, morrerá.

Da mesma forma, quando adulto, a presença do outro é necessária e fundamental para a saúde física e emocional. Logo, por mais que alguém decida viver isoladamente, precisará de suporte, mais cedo ou mais tarde, a fim de manter-se vivo. A decisão de isolar-se do mundo poderá acarretar em danos físicos e mentais ou psicológicos.

Sendo um ser social, o Homem é moldado pela cultura, que é um conjunto de saberes e práticas que norteiam um determinado grupo de pessoas. As culturas são diferentes e dinâmicas, desta forma, ao longo do tempo, são introduzidas novas práticas, novos olhares e formas diversificadas de interpretação da realidade, assim como são mantidos alguns fundamentos que embasam o pensamento e o modo de vida daquele grupo.

Teóricos da pedagogia, psicologia, sociologia e do desenvolvimento humano pontuaram a importância da cultura na vida do ser humano. Por exemplo, Lev Semyonovich Vygotsky, no século XIX, demonstrou, através de suas pesquisas, que as interações sociais e as condições de vida de uma pessoa, desde os seus primeiros dias, são fundamentais para a sua aprendizagem, formação e desenvolvimento. Por isso, destaca a presença do adulto ou, do professor enquanto facilitador, que favorecerá a aquisição de novos saberes, mediando o conteúdo adquirido, como os desafios das novas aprendizagens que precisarão ser conquistadas.

John Donne, poeta e pregador inglês do século XVI, afirmava que "nenhum homem é uma ilha, completo em si próprio. Cada ser humano é uma parte do continente, uma parte de um todo". Isto demonstra que a coletividade tem um significativo impacto na história de cada pessoa e será um importante elemento à formação de crenças, da visão que terá de si e do mundo.

1.1.4 O Homem – Um Ser Espiritual

Por fim, o Homem é um ser espiritual. A ciência entende que espiritualidade é a necessidade humana de buscar e de se relacionar com algo ou alguém que está para além de si, portanto, trata de questões que envolvem a transcendência. Para ela, esta espiritualidade não se restringe a uma religião ou crença, apenas. O sentido adquirido é mais amplo e faz alusão à própria experiência que satisfaz ou busca satisfazer quem a busca, da sua maneira, de acordo com a sua interpretação e realidade, tendo como objetivo trazer harmonia e felicidade para a vida.

Todo ser humano procura estabelecer contato com aquilo que traz paz ao seu espírito, que lhe renova as energias e promove inspiração para viver. Esse olhar para a espiritualidade é entendido como uma necessidade saudável para a completude existencial.

É comum ouvir pessoas e instituições reiterando a importância do desenvolvimento da espiritualidade. Mesmo sem considerar Cristo como o único caminho, a verdade e a vida que conduz a Deus (Jo 14.6), o Homem tateia pelos variados recursos disponíveis em busca de paz interior e sentido para sua própria vida.

1.2 Que Ser Humano é Esse?

O conhecimento da dimensão humana deve trazer dois pensamentos à mente do evangelista. Primeiro, Deus é sábio e grandioso, pois criou um ser tão perfeito, tão inteligente e tão complexo. De fato, a Bíblia diz que o Homem foi criado à Sua imagem e semelhança (Gn 1. 26,27).

Segundo, não devem ser ignorados os elementos que compõem a estrutura humana e social no trabalho de evangelização. Entender os mecanismos que envolvem a complexidade humana ajudará nas estratégias evangelísticas e poderão resultar em frutos benéficos para a Obra do Senhor.

Diante de tudo o que fora exposto, conclui-se que as entidades mundiais que se ocupam do cuidado para com o ser humano, o interpretam como um ser integral, que deve ser visto em sua totalidade, haja vista que o Homem está sempre em busca do estado de homeostase, de equilíbrio em todas as áreas de sua existência. Não deve ser diferente com a igreja de Cristo porque ela lida com questões da eternidade, mas ainda está na Terra. Seus membros não são do mundo, mas estão no mundo (Jo 17) e, estando no mundo, devem cuidar de si e dos seus.

1.3 O Homem e as Formas de Aprendizagem

De forma breve, é importante observar como se dá a estimulação para a aprendizagem nos diferentes seres humanos. Tal conhecimento será propício para que os evangelizadores tracem formas diversificadas de evangelização, e não fiquem na exclusividade de um método ou uma estratégia apenas.

1.3.1 Estímulos Visuais – Pessoas consideradas visuais são aquelas que processam de forma melhor todo e qualquer conteúdo que lhes são apresentados por meio de imagens e representações. Por serem visuais, precisam, muitas vezes, ver para crer. Portanto, na medida em que veem uma cena, um filme, uma figura ou um teatro tenderão a reter melhor as informações que estão sendo passadas. Especialmente com crianças, desenhos e apresentação de materiais visuais ajudam na fixação da mensagem exposta.

1.3.2 Estímulos Auditivos – Pessoas consideradas auditivas são boas ouvintes, assim como são movidas pelo que escutam. Por isso, o evangelista precisa ter atenção e cuidado redobrado com as suas palavras, com a maneira de expressá-las porque terão uma influência muito significativa no evangelizado. A pregação do Evangelho, as músicas e os testemunhos serão valiosos recursos de alcance para este público.

1.3.3 Cinestésicos – Cinestésicos são todos aqueles movidos pelas sensações corporais. Desta forma, sentir, tocar em coisas ou objetos e cheirar são maneiras de aprendizagem que resultam em grande eficácia. O apelo à emoção pode funcionar muito bem com os cinestésicos. Importante também frisar que esses indivíduos interessam-se pelo contato com o interlocutor. Dão atenção ao toque, ao abraço e manifestações de carinho. Os evangelizadores podem, com sabedoria, usar deste conhecimento para demonstrar-lhes acolhida e afeto.

1.4 O Homem à Luz das Escrituras

Para que encerremos este capítulo, é importante reiterar como as Escrituras Sagradas definem o Homem. Inicialmente, é necessário rememorar que o ser humano é um projeto divino, feito pelas mãos do Todo-Poderoso. O livro de Gênesis demonstra o cuidado e a riqueza de detalhes que Deus utilizou para fazer Sua obra-prima (Gn 1,2). Da mesma forma, a Palavra de Deus apresenta todo o Seu propósito ao formá-lo.

A ciência moderna, que apela à razão como a detentora das explicações da realidade, tem trazido teorias para confrontar esta realidade exposta na Bíblia Sagrada. Uma delas é a teoria evolucionista, defendida por um de seus grandes nomes, o naturalista britânico Charles Darwin, que viveu no século XIX e foi o escritor da obra clássica "A Origem das Espécies", em 1859.

O evolucionismo apregoa que houve uma seleção natural das espécies, ou seja, espécies que tiveram condições de adaptar-se à realidade, ao contexto e ao tempo, sobreviveram. Sendo assim, todas que existem, nos dias atuais, descendem de outras que sofreram processo de evolução ao longo dos séculos, inclusive o Homem.

Devem os evangelizadores, atuar como apologistas do Evangelho. A teoria criacionista defende que Deus criou o céu, a terra e tudo o que neles há. Sendo o criador do Homem, o fez: corpo (*soma* – constituição física e biológica), alma (*psiquê* – sede dos desejos, dos sentimentos, e das emoções) e espírito (*pneuma* – parte interna da natureza humana, centro e fonte da vida, como afirma Pearlman (1997, p. 72), que se comunica com o Criador).

Evangelizar é anunciar que o ser humano faz parte de um projeto complexo e divino, detalhadamente planejado pelo Criador, para viver em perfeita paz, harmonia, amor e comunhão com Ele.

Questão para reflexão

Qual é a importância de olhar para o ser humano em sua totalidade? Em sua opinião, a compreensão integral do ser humano impacta o trabalho de evangelização? Justifique.

CAPÍTULO 2

O Homem e Suas Inquietudes

O Homem é um ser pensante e, como tal, anseia por respostas aos seus questionamentos, suas dúvidas sobre a vida e sobre a morte, além das questões que envolvem suas necessidades físicas, emocionais e espirituais, desde as mais simples às mais complexas e angustiantes. Muitos caminhos lhes são apresentados e escolhas precisam ser feitas cotidianamente. Por conta disso, vê-se preso à vãs filosofias, falsa religiosidade e práticas incoerentes frente ao que está expressamente demonstrado nas Sagradas Escrituras. Neste capítulo, abordaremos alguns temas que pairam sobre a mente humana, suscitando muitas dúvidas, que podem ser sanadas pelo ganhador de vidas para Cristo.

2.1 Os Dilemas Humanos e suas Variações

Na caminhada da evangelização não é incomum deparar-se com pessoas dos mais variados tipos, com os mais diversos dilemas. São dúvidas, incredulidade, desapontamentos, desconfiança em relação ao corpo de Cristo, descrença nos pastores e líderes, dentre tantos outros aspectos. Há os que confrontam os pregadores do Evangelho, por terem pensamentos errôneos acerca da Pessoa de Deus, da fé, da salvação em Cristo, e insistem em argumentar e provar suas pseudoteorias, desprovidas de fundamentação, rasas em teologia, mas que refletem o quanto estão carentes do encontro com a genuína verdade.

Por outro lado, considera-se importante reiterar que há aqueles que são bons argumentadores, que usam de falácias para convencer outros de que seus raciocínios estão corretos. Desta forma, apresentarão posicionamentos e pontos de vista, até mesmo sob à luz de algumas teorias e posicionamentos científicos, para tentar enfraquecer o discurso do evangelizador, desestimulando-o assim, a confrontar tais abordagens sob o prisma da Palavra de Deus.

Não se deve ignorar jamais que, geralmente, por detrás de um ser humano revoltado contra tudo e todos, há um coração ferido, precisando de cuidados e de amor. Para estes, a escuta e a atenção podem ser a porta de entrada para a transformação que Cristo deseja realizar. Portanto, acolher, sem apontar o dedo e sem julgamentos precipitados são elementos essenciais para que as defesas inconscientes ou conscientes caiam por terra e haja abertura para um novo tempo de restauração.

Poder-se-ia escrever uma obra toda apenas para tratar desta temática, no entanto, por ora, serão elencados alguns tópicos para estudo e orientações que ajudarão no diálogo com a pessoa que carece da manifestação da Graça de Cristo em sua vida.

2.1.1 Todos os Caminhos Levam a Deus

O Homem moderno considera a importância da experiência religiosa, mas defende que todas as religiões são boas, logo, todas levam a Deus. Não importa se o indivíduo frequenta uma igreja católica, evangélica, se é adepto de crenças e práticas orientais ou seguidor das doutrinas Kardecistas, porque Deus é um só e todos esses segmentos são caminhos que levam até Ele. Inclusive, argumentam que Deus é Pai de todos e está aberto para receber a todos os seus filhos. Esse discurso é fruto do nosso tempo, onde o relativismo tomou conta da forma de pensar a realidade, invadindo as cercanias da religião.

Por isso, a Bíblia deixa de ser o livro sagrado e passa a ser considerado apenas mais um livro sagrado, que alcança um determinado segmento de fé, dentre muitas outras literaturas sagradas que abarcam outras formas de crenças.

Para as pessoas que assim acreditam, o pregador do Evangelho deve apresentar a supremacia da Bíblia Sagrada, demonstrando que ela é a única Palavra de Deus revelada ao Homem. Pode argumentar sobre o caráter de sua construção, a maneira como foi escrita, e como prevaleceu sobre o tempo e as circunstâncias. Outro aspecto a considerar são as profecias. O cumprimento de todas elas dá testemunho de que as Escrituras atestam as verdades divinas.

O sincretismo religioso é uma estratégia satânica para manter as pessoas afastadas da verdadeira salvação em Cristo. Assim, não é raro encontrar àqueles que dizem ser seguidores de religiões contrárias ao Evangelho e às doutrinas de Cristo, mas, que consideram a mensagem cristã agradável aos ouvidos e, as orações e músicas dos cristãos, bonitas e tocantes.

Para estes, deve-se apresentar Jesus Cristo como sendo o único caminho, a verdade e a fonte de toda a vida, além de ser o único salvador (Jo 6. 68,69; 10.10, 28; 14.6; At 4.12; I Tm 2.5; II Tm 3.16). Ele é o único que morreu e ressuscitou ao terceiro dia. Ele é o Verbo que Se fez carne e veio morar entre os Homens. Ele somente é o Pão vivo, o Pão da vida, a porta, a luz do mundo, aquele que tem água viva que sacia a sede humana, a videira verdadeira, o bom pastor. Ele é o verdadeiro "Eu Sou" (Jo 1.14; 4.14; 6. 47, 48, 51; 8.12; 10.9, 11; 15.1; I Co 15.4).

O mundo precisa entender quem Deus é e como deve ser adorado. As pessoas carecem de entendimento das Escrituras, pois estão cegas pelo príncipe deste mundo (II Co 4.4). Assim como foi libertador para a mulher samaritana saber que Deus é Espírito e que está em busca dos verdadeiros adoradores, será também para os Homens do nosso tempo (Jo 4. 23,24).

2.1.2 Obras Salvam

Ajudar o necessitado, estender a mão ao aflito, cuidar do órfão e da viúva, levar mantimento ao faminto, projetos com crianças carentes, dependentes químicos, viciados em álcool e cigarro, distribuir roupas e calçados, sopão e cobertores pela madrugada aos andarilhos, trabalhos voluntários de toda e qualquer natureza são dignos de aplausos e distinta consideração, pois demonstram atos grandiosos e gestos nobres de humanidade e consideração para com o próximo.

A confusão reside no fato de aprender e acreditar que as boas obras são meios de graça e caminho aberto para a salvação. Logo, desenvolver atitudes nobres, tais como a bondade, o ser prestativo, cheio de compaixão e caridade, garante uma casa linda e aconchegante na vida eterna com Deus; é o passaporte direto para a felicidade plena.

Há religiões apregoando a caridade como forma de salvação. Instituições são mantidas por meio desse raciocínio e crença. Para elas, fazer o bem e cuidar dos menos favorecidos é a maneira mais certeira para agradar a Deus e Ele, por sua vez, concederá aos generosos Sua misericórdia, graça e salvação, afinal, todos somos filhos dEle e, consequentemente, irmãos uns dos outros.

Os evangelistas devem demonstrar a estas pessoas, com serenidade, a grandiosidade do gesto para com o próximo, no entanto, precisam esclarecer, à luz das Escrituras, que obras não garantem a salvação eterna. O caminho para a salvação é exclusivamente encontrado em Cristo. Todo o preço para o resgate foi pago por Ele. As obras atestam a salvação e não a compram. Vivem enganados todos os que se esforçam para serem bons porque a justiça humana é como um trapo de imundície e, todas as suas obras, por mais extraordinárias que sejam não solucionarão o problema do pecado (Ec 7.10; Is 64.6; Ef 2. 8,9; Tg 2.10).

2.1.3 O Importante é Ter Prazer e Ser Feliz

A busca pelo prazer e pela felicidade é o objetivo maior do ser humano.

Prova disso é que constantemente evita-se a dor e o sofrimento e estes, quando se manifestam na vida de alguém, logo são vistos como sinônimo de maldição, de um *karma*, de um pecado cometido e, principalmente, de algo que precisa ser superado com urgência.

É evidente que não se tem a intenção de fazer uma apologia ao sofrimento e à dor, reduzindo a vida humana a esses elementos, mas é fato que ambos são constituintes da existência e têm a sua função, inclusive de promover reflexões sobre como ela se está sendo vivida (Ec 7.2, 3, 4).

Uma geração que busca freneticamente o prazer a todo o custo e a felicidade plena de vida como um fim em si, tenderá a desenvolver uma série de patologias, por negarem o fato de que nem tudo se cura com remédios instantâneos e métodos paliativos. Não é possível ser feliz o tempo todo e nem ter tudo o que se quer. A falta é um fator importante para a vida. Ela constitui o ser humano. Uma criança, por exemplo, que tem todas as suas necessidades supridas e não experimenta a falta, porque seus responsáveis suprem tudo rapidamente, poderá se tornar um adulto insatisfeito, ansioso, deprimido e frustrado.

Infelizmente, inúmeros adolescentes e jovens, consideram que o prazer e a felicidade não combinam com a religião e com a frequência a uma igreja. Logo, não se interessam, não se comprometem nem se envolvem com as coisas do Reino, antes planejam viver a vida, desfrutando dos seus deleites, bem longe das práticas da fé. Até cogitam em voltar para Deus quando estiverem mais velhos, depois de terem vivenciado suas experiências onipotentes de que nenhum mal lhes sucederá.

É fato que grande parte desses indivíduos estão entregues ao materialismo e creem que o objetivo maior da vida é possuir tudo o que de melhor ela tem para oferecer. O ser é relegado a segundo plano, antes, o sucesso material e o status advindo dele são venerados. Pouco importa se para obter coisas, inimizades sejam desfeitas, amigos transformem-se em degraus ou trampolim para a fama, promoção no trabalho, etc. O amor e o culto ao dinheiro fizeram de Mamom a divindade de maior expressão na contemporaneidade.

Da mesma forma, não são poucos os que desdenham do Evangelho, debochando dos cristãos, fazendo chacotas e, ainda há aqueles que não creem em nada, vivendo sem esperança, como um barco à deriva em alto mar. Para estes, seguir a proposta evangélica é pesada e difícil demais, portanto, se vêm incapazes de agradar a Deus e não buscam conhecer e praticar a Sua vontade. Há os que desejam experimentar o máximo desta vida, e pouco importa se passarão a eternidade no céu ou no inferno.

Os evangelistas devem demonstrar a estas pessoas que a verdadeira alegria, o prazer de viver e a plena felicidade não podem ser encontrados em coisas efêmeras ou em eventos passageiros, mas exclusivamente em uma Pessoa, Jesus

Cristo (Sl 10.4; Ec 11. 9, 10; 12.1; Mt 6.33; 10. 32,33; 11. 28-30; 12.30; 16.26; Mc 8.36; Lc 12. 13-21; Jo 1.12; 3.36; Rm 6.23; I Co 1.18; 2.14; Hb 2.3; 3.15; I Jo 5.3).

2.1.4 Sou Religioso e Isso Basta

O Homem é um ser incuravelmente religioso. Escritores, poetas e estudiosos da religião têm sido unânimes nesta afirmação. Ao longo da História da humanidade, percebe-se que a religião norteou a vida humana, através das decisões cotidianas, na regulação das relações sociais e políticas, das crenças sobre a vida e a morte, do destino das almas, dentre tantos outros temas existenciais.

O equívoco de milhares de pessoas está no apego à religiosidade como forma de garantia à própria salvação. Há os que creem piamente que estão salvos, pelo fato de frequentarem determinado segmento religioso ou uma igreja, por considerarem-na a única verdadeira, capaz de levar o Homem para o céu.

A religião em si não é suficiente para salvar o Homem. Toda prática religiosa sem Cristo é vazia e sem sentido. Todo aquele que deposita sua fé em uma denominação, ainda que sob o título de cristã, e não avalia suas doutrinas, a fim de verificar se estão fundamentadas na Pessoa de Cristo e nas Escrituras, incorrerá em erro e engano.

Assim são aqueles que confiam em ídolos, dirigindo-lhe orações e oferendas, buscando mediadores fora de Jesus Cristo. A idolatria é um grave pecado que aborrece a Deus. Somente Ele é digno de ser adorado e reconhecido. Ele não divide Sua glória com ninguém. Por melhor cristão que uma pessoa tenha sido nesta vida, por mais que sua trajetória e testemunho sejam inspiradores, ainda que, por intermédio deles, milagres extraordinários tenham ocorrido, jamais, após sua morte, poderá ser reverenciado, cultuado, receber orações e pedidos, clamando por intercessão junto a Deus Pai, mediação ou milagres.

As Escrituras Sagradas são absolutas em afirmar que somente Jesus Cristo é o mediador entre Deus e o Homem. Não há autorização ou indicação para que imagens humanas, representadas por fotografias de personagens importantes registradas nelas, de animais ou qualquer outra coisa sejam feitas. Pelo contrário, tais ações são veementemente condenadas pelo próprio Deus. A argumentação de que uma imagem serve apenas para ativar a memória e inspirar a espiritualidade, através das lembranças dos atos de fé da personagem nela representada, é infundada se, na prática, orações, súplicas e louvores lhes são ofertados (Êx 20. 1-5; Dt 32. 16,17; Jr 16.20; Mt 4.10; Lc 1. 46,47; At 4.12; I Co 8. 4-6; I Co 10.20; I Tm 2.5).

Há ainda aqueles religiosos apegados ao próprio estilo de piedade. Consideram-se piedosas e santas por serem pessoas bondosas, ajudadoras, honestas nos negócios, éticas nas relações, moralmente justas, benevolentes e, até mesmo, receptivas ao anúncio do Evangelho, praticantes dos rituais ensinados pela crença que professam, etc. Sendo assim, são merecedoras do céu e da vida eterna porque são justas perante Deus e o próximo.

Inclusive, há os universalistas, que defendem que Deus é tão bom e justo, que não permitirá o sofrimento eterno do Homem no inferno, antes, por Seu grandioso amor e generosidade, O transportará para o céu, a fim de que goze a eternidade feliz em Sua presença.

O evangelista deverá demonstrar, com paciência e inteligência, sem ofender o indivíduo que sinceramente crê assim, ainda que equivocadamente, que nossa justiça e justificação não são produtos das nossas mãos e do esforço próprio, antes, só podem ser encontrados em Cristo, exclusivamente, e que paz e comunhão com Deus e com o próximo, somente serão possíveis após a entrega total de alma e coração para Aquele que tem a vida eterna (Sl 9. 17; Mt 10.28; 23.33; 25. 41,46; Jo 3.15,16; Rm 5.1; Ef 2. 8,9; II Ts 1. 7-9; Hb 9.27; I Jo 5.12).

2.1.5 Deus e a Igreja me Decepcionaram

Vários são os fatores que podem levar uma pessoa a sentir-se decepcionada com Deus ou com a igreja. No tocante a Deus, pode ser por não se sentir amado, aceito, um terrível pecador, passível de punição, sem ver condições de receber a graça e a misericórdia divinas, ou por não ter tido uma de suas necessidades supridas no momento desejado, especialmente se ela foi alvo de constantes orações e jejuns. Importante lembrar que algumas dessas percepções podem ser e, geralmente são, reflexos de crenças errôneas sobre a Pessoa de Deus, adquiridas desde a infância, ou mantidas pela ausência de um bom discipulado.

Em relação à igreja, as decepções podem vir porque o indivíduo tem dificuldade para entender e aceitar que ela é uma instituição formada por pessoas e, onde há seres humanos, há falhas. Sendo assim, começa a encontrar erros no pastor, falhas nas irmãs, pecados nos jovens, irreverência por parte das crianças, defeitos no caráter dos irmãos, despreparo intelectual ou uma atitude grosseira e desonesta dos obreiros, enfim, seu olhar é canalizado totalmente para as questões negativas que circundam a realidade eclesiástica humana.

Por mais que a igreja seja um organismo vivo e espiritual, regida pelo Cabeça e Senhor, que é Cristo, e que deve buscar a santificação, enquanto estiver nesta Terra, debaixo da natureza humana pecaminosa, os cristãos poderão passar por desavenças, por pecados, lutas, dentre outras coisas. Por isso, os cristãos são estimulados, constantemente, à prática do amor fraternal e do perdão, a fim de que permaneçam juntos, suportando uns aos outros (I Co 12.27; Ef 1.22; Cl 1.18; 3. 13-16; Hb 13.1; I Pe 1.15, 16).

O proclamador das boas novas deve acolher essas pessoas, em sua maioria feridas e muito resistentes para com a mensagem do Evangelho e o convite para a salvação, porque tiveram uma experiência com Deus e com a igreja e a interpretação desta experiência deu-se de forma negativa, ocasionando o afastamento e, em alguns casos, até mesmo a forte repulsa para com a obra de Cristo.

Para tanto, com humildade, compaixão e graça, o evangelista não deverá fazer julgamentos ou proferir palavras duras de sentença ou punição divina, ainda que possa alertar sobre os perigos da vida afastada de Deus, principalmente sobre a realidade da morte e do inferno, mas estimular o retorno para a casa do Pai, confiando nEle e em Sua perfeição (Ec 12.14; Is 53.6; Jr 17. 5-7; Lm 3.39; Ez 33.11; Mt 7. 21-23; Jo 3.16; 10.11; At 2.21; Rm 2.1; 5.8; 14.12; II Co 5.21; Ef 3.19; Hb 12.2).

2.2 A Resposta Plena às Inquietudes

Como se pôde observar, inúmeros são os desafios dos dias atuais, haja vista que o Homem está cada vez mais alienado da presença e da comunhão com Deus e, por outro lado, este mundo está cada vez mais sepultado no maligno (I Jo 5.19).

A mensagem de salvação em Cristo é poderosa para resgatar o mais vil pecador, restaurando- lhe de suas feridas e abrindo-lhes os olhos do entendimento da glória de Deus. Densas trevas e escuridão tomaram conta da humanidade, mas, a luz de Cristo continua brilhando e o sol da justiça continua nascendo, gerando vida, paz e alegria.

Duas observações importantes precisam ser levadas em alta conta pelos comprometidos com a pregação do evangelho. Primeiro, orienta-se que memorizem o máximo de versículos bíblicos, a fim de que tenham farto preparo e conteúdo à exposição da Palavra de Deus aos casos citados acima, dentre outros. Segundo, não devem desconsiderar nunca que o amor continua sendo o distintivo do cristão, logo, devem estar dispostos a acolher as pessoas, evitando julgá-las, discriminá-las ou atacá-las. Isso não quer dizer que o pecado não deverá ser confrontado, mas que o pecador está sedento da salvação, tem sede de Deus e, como uma ovelha ferida e sem pastor, precisa ser carregada aos braços de Jesus Cristo.

Questão para reflexão

Em sua opinião, por que é importante conhecer a Bíblia Sagrada e memorizar versículos bíblicos para o trabalho de evangelização? Justifique sua resposta, apoiando-se nos casos tratados ao longo do capítulo.

CAPÍTULO 3

O Homem e as Enfermidades da Alma

O trabalho de evangelização tem por objetivo alcançar o ser humano para Cristo. Quando o Homem encontra a salvação, a experiência com Deus é poderosa e transformadora, não apenas para livrá-lo da sentença de morte eterna, como para restaurá-lo, nesta vida, a fim que tenha plenitude e viva com qualidade física, emocional e espiritual. Um fumante liberto por Cristo, logo sentirá em seu corpo físico, os benefícios do abandono da nicotina. Da mesma forma, alguém preso às bebidas e às drogas. No entanto, um assunto essencial do nosso tempo diz respeito às enfermidades da alma. São inúmeras as pessoas que estão presas à depressão, à ansiedade, à baixa autoestima, com sentimentos de rejeição, ideações suicidas, dentre outros. Para estas, a mensagem cristã é a esperança de uma vida restaurada, de plena paz na presença do Príncipe da paz. Neste capítulo, veremos os principais problemas emocionais na atualidade e apresentaremos caminhos que ajudarão no processo de evangelização.

3.1 A Ansiedade

A ansiedade é considerada um dos males do século, junto à depressão, que será abordada em seguida. Convém esclarecer que a ansiedade não é de todo ruim porque é ela quem move o indivíduo para as ações da vida. Por meio dela, a pessoa se levanta da cama, vai ao trabalho, estuda, realiza suas atividades e se relaciona.

Quando há excesso de ansiedade, a ponto de prejudicar o funcionamento humano, paralisando-o, daí sim, pode-se afirmar que há uma patologia instalada. Diante disso, é fundamental que haja um olhar cuidadoso para com esta pessoa. Uma das terríveis características da ansiedade é fazer com que o Homem viva agitadamente, cheio de preocupação com as coisas do amanhã, ainda que incertas. Por não saber como será o desfecho delas e, geralmente, por alimentar em sua mente pensamentos negativos e catastróficos, o ansioso vive sem qualidade de vida, sendo tomado, muitas vezes, pelo medo e desesperança, pois, ocupando-se com o amanhã, deixa de experimentar o que pode ser vivido hoje.

É muito importante reiterar que a ansiedade, em níveis patológicos, causa grande sofrimento para um ser humano. Seus sintomas são variados e vão desde reações mais simples às mais complexas como, por exemplo, taquicardia (coração acelerado), tremores, calafrios, dormência nos braços ou nas pernas, sensação de formigamento, tontura, náuseas, boca seca, falta de ar, dificuldade de concentração, insônia, dentre outros.

Um aspecto de extrema relevância é que muitos ansiosos tomam decisões precipitadas sendo, posteriormente, invadidos pelo remorso e pela culpa. Há quem canalize toda a ansiedade para a comida assim como há os que, quando muito nervosos, não conseguem se alimentar. No entanto, um grave problema pode envolver a pessoa em níveis elevados de ansiedade: o do consumismo.

Não é incomum a uma pessoa ansiosa envolver-se em altas dívidas, que se tornam impagáveis, pois o ato de comprar lhe traz um prazer momentâneo, uma sensação de alívio, de conquista e de bem-estar, todavia, com o endividamento, os sentimentos de tristeza e frustração, além da culpa, serão intensificados. A questão é que tais atos transformam-se em um ciclo vicioso.

É sempre bom lembrar que as operadoras de cartão de crédito são generosas na concessão de limites financeiros, todavia, não serão compreensivas quando o ansioso alegar que está condições de pagar ou que comprou por um ato impulsivo, por um momento de prazer, gerado pela ansiedade.

Muito se tem falado sobre um sério problema conhecido como "Síndrome do Pânico". O Pânico é um transtorno ligado à ansiedade, altamente paralisante. A pessoa é invadida por uma série de sensações físico-corporais, com vários dos sintomas elencados acima: calafrios, tremores, coração acelerado (taquicardia), dormência ou formigamento nos membros superiores ou inferiores, dentre outros. Não é incomum a pessoa achar que está sofrendo um enfarto, pois alguns dos sintomas são muito parecidos, como por exemplo, a dor no peito.

A questão é que, na medida em que sente estas reações fisiológicas, passa pela mente da pessoa o pensamento de que está morrendo ou de que irá enlouquecer. Como já foi apresentado em outro capítulo, todo pensamento é reforçador de emoções, sentimentos e comportamentos, logo, cada vez que vem à sua cabeça a ideia de que poderá morrer ou enlouquecer, os sintomas são intensificados e o contrário também é verdadeiro, intensificando-se os sintomas, aumenta o fluxo de pensamentos negativos e de morte.

Quando socorrido, o indivíduo pode chegar ao hospital sem nenhum dos sintomas e ser dispensado pelo médico, pois ouvirá que não tem nada de anormal acontecendo. A crise de pânico costuma passar dentro de dez a quinze minutos. No entanto, para quem foi aterrorizado pelos sintomas, poucos minutos soam como uma eternidade e a pessoa tenderá a evitar passar pelo mesmo local onde teve a crise, ou terá medo de sair de casa e ser acometido pelo mesmo problema. Com isso, tende a isolar-se, deixar de cumprir com seus compromissos, tais como ir à escola, ao trabalho, à igreja, desfrutar de momentos de lazer, enfim, tudo que é normal e rotineiro na vida humana.

Alguns tornam-se tão evitativos porque desenvolvem outro transtorno ligado à ansiedade, conhecido como "Agorafobia". Na Grécia Antiga, "Ágoras" eram locais públicos, como as praças, onde as pessoas costumavam se reunir para tomar decisões, realizar negócios, etc. "Fobia" é o medo acentuado e irracional em relação a determinado objeto, situação ou evento. Logo, o indivíduo diagnosticado com "Agorafobia" evitará ambientes onde há concentração de pessoas, receando ter uma crise ansiosa em público. Com isso, deixará de frequentar eventos sociais, tais como, o trabalho, os estudos, a prática da fé em comunidade e as diversões, ou seja, não irá trabalhar, nem estudar, frequentar igreja e, muito menos, *shoppings centers* ou cinemas e teatros.

No entanto, especialmente em relação ao trabalho e aos estudos, o prejuízo poderá ser incalculável, justamente porque corre-se o risco de demissão e perda do ano letivo. Como trata-se de um efeito em cadeia, se o enfermo é um chefe de família, haverá comprometimento maior, pois envolverá outras pessoas que dele dependem.

3.2 Depressão

Como não falar da depressão, um dos desafios mundiais do nosso tempo? A depressão tem sido considerada o mal do século e é uma das doenças mais paralisantes que existem. É muito importante considerar que a depressão não é sinônimo de frescura ou falta do que fazer, como insistem algumas pessoas em dizer. Também não significa ausência de fé, pecado ou castigo divino. Lançar tais sentenças sobre aquele que está em sofrimento psíquico, além de não ajudar, piorará o quadro clínico da pessoa.

É evidente que, como o ser humano é único e integrado, questões espirituais podem interferir na qualidade da vida psíquica, mas deve-se compreender sempre que a depressão é, antes mais nada, uma doença que deve ser encarada com muita seriedade pelos filhos de Deus. Portanto, salienta-se que eventos ou situações ligados à espiritualidade, como por exemplo, sentir-se na culpa por algum pecado cometido e não confessado e ter dificuldades para pedir perdão, perdoar e receber o perdão divino, podem resultar no adoecimento psíquico do indivíduo, contribuindo assim para o desenvolvimento da depressão.

As origens da depressão são multicausais e podem estar ligadas, principalmente, a questões orgânicas (genéticas e hereditárias) e psicológicas. Sendo o cérebro constituído por neurônios, há constante conexão e liberação química entre eles, através de hormônios que são responsáveis pela regulação humana. Um desses neurotransmissores é a serotonina, que tem como uma de suas funções contribuir para a retransmissão de mensagens e conteúdos entre as áreas cerebrais. A serotonina influencia a memória, a percepção, o aprendizado, dentre outros, além do que, em níveis insuficientes, altera a percepção psicológica do indivíduo, causando-lhe pensamentos negativos, tristeza, pânico e outros variados sintomas.

Portanto, é de extrema importância que exames médicos sejam realizados para detectar se a causa da depressão daquela pessoa tem origem fisiológica. Caso seja constatado que sim, deverá tomar medicação, sob única prescrição e orientação do médico especialista e, com isso, seu quadro poderá melhorar significativamente, transformando sua qualidade de vida.

Além das causas orgânicas (genéticas e hereditárias), a depressão tem um de seus braços sustentados na história de vida do indivíduo. As situações experimentadas, os traumas, as perdas e decepções podem contribuir para o processo da depressão.

A maneira como o indivíduo interpreta a realidade poderá ser determinante para o aparecimento do quadro depressivo ou não, haja vista que cada um reage de forma diferente perante a mesma situação. Para exemplificar, um pai de três filhos, ao ficar desempregado, chegará em casa e dará a notícia para a família. Um filho motivará o pai, dizendo-lhe que novas portas abrir-se-ão. Outro, colocar-se-á à disposição para trabalhar e ajudar nas despesas da casa enquanto a situação estiver desfavorável, ao passo que, o terceiro, poderá ficar abatido, entristecer-se, recolhendo-se ao seu quarto, sem esperanças de um futuro melhor. Nota-se que, o mesmo evento, na mesma família, provocou reações oposta em seus membros.

A depressão está muito ligada ao sentimento de desvalia, de desamparo, de culpa, frustração, desesperança e sempre está acompanhada por grandiosa negatividade. Os pensamentos que permeiam a mente de uma pessoa em um quadro de depressão são extremamente negativos e, evidentemente, emoções e sentimentos ruins são instalados e fazem verdadeira morada no seu interior, causando um reflexo direto nas ações comportamentais.

Os sintomas mais comuns da depressão são: baixa autoestima, sentimentos de desvalia, culpa, desesperança, dificuldade de concentração, memória, perda ou aumento acentuado do apetite, insônia ou excesso de sono, tristeza, isolamento social e familiar, desejo de morrer, ideações suicidas, ansiedade, fadiga e cansaço, dentre vários outros sinais.

Importante observar que a depressão pode levar a pessoa a desenvolver comportamentos nocivos, viciar-se em drogas e bebidas alcoólicas, além do que, pode atentar contra a sua própria vida, ingerindo altas doses de medicação, por exemplo. Dentre as classificações da depressão está a chamada depressão maníaca. Este tipo de depressão é mais difícil de ser identificada e, pelo senso comum, passa por despercebida porque, nela, o indivíduo demonstra estar de bem com a vida, sempre animado, motivado, alegre, não demonstrando aparentes sinais de sofrimento psíquico. É o colega de trabalho ou escola que não vê dificuldade para as coisas e está sempre rodeado de pessoas, sendo muitas vezes, o querido dentro de um grupo. É o membro da família que demonstra estar bem, constantemente, motivado e feliz, etc. Por vezes, quando algum artista, por exemplo, suicida, todos ficam admirados porque tal pessoa parecia estar tão bem física e emocionalmente, logo, jamais imaginariam que um quadro de depressão pudesse estar nele instalado. Pois neste caso, uma hipótese diagnóstica é a chamada depressão maníaca.

É importante que se esclareça que não se quer dizer aqui que pessoas alegres, satisfeitas, motivadas e bem resolvidas na vida são portadoras de depressão maníaca. O que está se afirmando é que, muitos casos, onde pessoas que apresentam tais comportamentos, pode-se constatar a presença da depressão maníaca. É preciso estar atento, mediante alguns sinais que são emitidos, e buscar ajuda médica, psicológica e pastoral.

3.3 O Suicídio

Pesquisas apontam que o número de suicídios vem aumentando no mundo. Pessoas estão desesperadas e, no auge da dor, tiram a própria vida, com o intuito de acabar, definitivamente, com o sofrimento que aparentemente não tem solução.

Vários são os fatores que podem desencadear o suicídio: depressão, sentimento de vazio, desemprego, questões de ordem médica, perdas significativas, vícios, especialmente as drogas, dentre outros.

Nos dias atuais, o estilo de vida adotado pela sociedade contribui para que pessoas percam a vontade de viver. O materialismo, o individualismo, a ausência de solidariedade e disposição para ouvir o outro são fatores que podem adoecer o indivíduo, a ponto de não encontrar saída e motivação para seguir a vida.

Outra informação importante diz respeito às pessoas que se matam. Há, na concepção de muitos, o pensamento radicalizado afirmando que, somente os mais pobres ceifam a própria vida ou, no lado oposto, os mais ricos. A bem da verdade, em todas as camadas sociais, inclusive, na esfera religiosa, indivíduos em desesperança, que não encontram saída e sentido para viver, acabam por encontrar na morte, a solução aparente para seus problemas.

3.4 Evangelizando os Feridos na Alma

Muitas outras situações poderiam ser apresentadas aqui, pois, o número de transtornos de ordem mental é avassalador e, cada vez mais, a sociedade adoece, inclusive, dentro dos templos e das denominações religiosas.

O Homem está cada vez mais sozinho, ensimesmado, tendo que dar conta de si e de suas coisas sem poder contar com o próximo. A vida agitada, corrida, não permite olhar nos olhos do outro e ver a dor que está vivenciando. Até mesmo dentro das famílias, pais não têm tempo para observar os filhos, o marido não está atento às reações da esposa e está, por sua vez, não identifica as mudanças sentimentais, de humor e comportamentais do marido. Na urgência da vida, amados e amadas se perdem.

Diante destes grandes desafios, tais como, ansiedade, depressão e, tristemente, o suicídio, a igreja tem uma palavra de esperança e vida. Ela conhece e tem intimidade o Senhor Jesus Cristo, Àquele que dá sentido e razão para a existência, ainda que tudo esteja parecendo perdido.

Os evangelizadores devem aproximar-se destes indivíduos, com um olhar de amor e compaixão. Jamais devem julgar, nem apontar coisas ou pecados que podem deixá-los piores. Tudo o que precisam é de um ouvido que os escute, sem pressa e sem apontamentos, de uma palavra que os anime, que os faça enxergar possibilidades de restauração e um abraço acolhedor.

Muitas pessoas, nestes quadros, apresentam uma visão negativa da vida, do ser humano e, do próprio Deus. Não se sentem amadas ou dignas de estarem diante Dele. Algumas, até mesmo, sentem-se sujas, indignas de salvação. Com amor e cuidado, devem os pregadores ajudá-las a repensar conceitos, à luz das Escrituras, sobre o Deus de amor, bondade, misericórdia e graça.

Por fim, os pregadores do Evangelho não devem ser ingênuos a ponto de não aconselharem estes enfermos a procurar ajuda médica e psicológica. É evidente que Jesus cura e restaura a alma e as emoções, no entanto, foi Ele mesmo quem capacitou Homens para que socorram os aflitos e feridos, trazendo-lhes o bálsamo da cura.

Inúmeros temas ligados à saúde mental poderiam ser aqui tratados, entretanto, não é este o intuito primário neste momento. Intenciona-se despertar nos evangelistas, com estas breves palavras, a consciência de que podem fazer a diferença na vida de milhares de pessoas, levando-as a Cristo, para que sejam física, emocional e espiritualmente, curadas.

Questão para reflexão

Em sua opinião, a igreja está preparada para acolher e ajudar pessoas que estão enfermas na alma? Ela tem sido uma voz que proclama saída e libertação? Os cristãos têm dedicado tempo para ouvir e estender as mãos para o ansioso, o depressivo e, até mesmo, para aqueles que têm desejado tirar a própria vida?

CAPÍTULO 4

O Homem e a Pós-Modernidade

Evangelizar o Homem do século XXI é uma necessidade desafiadora. A mentalidade e a forma de enxergar o mundo, a vida, as pessoas e, inclusive a religião, estão eivadas de filosofias e pensamentos ideológicos antibíblicos, contrários à vontade de Deus. O pecado, a permissividade moral e, ao mesmo tempo, a busca por experiências que transcendam à realidade humana, sobretudo com o divino, tornam esta geração alvo da intensa pregação da verdadeira Palavra que liberta, transforma e traz sentido para a existência vazia de muitos Homens. Neste capítulo, serão apresentados os principais elementos que compõem a pós-modernidade, a fim de que o estudante tenha uma visão geral do cenário que abarca os dias trabalhosos em que está inserido.

4.1 O que é Pós-Modernidade?

Para que se compreendam os desafios do tempo presente, faz-se necessário entender a definição de pós-modernidade, o que não é muito fácil, ou claro, até mesmo para os estudiosos. Por conta disso, há vários questionamentos, do tipo: O que é a tal pós-modernidade? Como pode influenciar e, de fato, influencia a vida das pessoas? Qual o impacto trazido para a obra de evangelização? Estas perguntas sugerem uma série de reflexões que auxiliam o pregador do Evangelho no enfrentamento das variadas formas de compreensão da realidade.

O conhecimento científico é marcado, muitas vezes, por concordâncias e discordâncias sobre vários aspectos que integram o mesmo elemento. A forma de olhar para um determinado objeto pode variar de cientista para cientista. Daí, a explicação para várias teorias que visam compreender o mesmo fenômeno. Com a visão aqui apresentada, chamada de pós-modernidade, não é diferente. O aluno deparar-se-á com outros teóricos, apresentando outras leituras da realidade, dando-lhe outros nomes, como por exemplo, "modernidade líquida" ou "hipermodernidade". Sendo assim, convém estar ciente desta possibilidade para que possa ampliar seu entendimento do mundo que o cerca, estando nele inserido.

Para discorrer sobre a pós-modernidade, é interessante observar o que fora comentado por Lyon (1998), quando declarou que:

> Pós-Modernidade é um conceito multifacetado que chama nossa atenção para um conjunto de mudanças sociais e culturais profundas que estão acontecendo neste final de século XX em muitas sociedades 'avançadas'. [...] tudo está englobado: uma mudança tecnológica acelerada, envolvendo as telecomunicações e o poder da informática, alterações nas relações políticas, e o surgimento dos movimentos sociais, especialmente os relacionados com aspectos étnicos e raciais, ecológicos e de competição entre os sexos (p. 13).

Como se pode perceber, tal conceito envolve uma gama complexa de situações que interferem diretamente no modo de pensar e agir das pessoas, haja vista que, tal influência é reverberada, especialmente, por meio das tecnologias e dos meios de comunicação, tão difundidos no cotidiano do Homem.

Atribui-se o uso do termo "pós-modernidade" a Arnold Toynbee, um historiador britânico que viveu entre 1889 e 1975. Para Toynbee, a pós-modernidade seria marcada pela extinção do domínio do ocidente e pelo enfraquecimento do capitalismo, da visão cristã da realidade, fortemente implementada pelo cristianismo e do individualismo.

É bastante comum que se ouça, paralelo à expressão pós-modernidade, o termo pós-modernismo. O pós-modernismo abarca às mais variadas expressões culturais contemporâneas, ou seja, trata-se de uma atitude intelectualizada à luz dos fenômenos ligados à cultura com suas diversas formas de expressão. Sendo assim, pode-se afirmar que o cenário da pós-modernidade oferece estrutura e palco para que o pós-modernismo se apresente, com suas ideologias e filosofias que moldam as atitudes e comportamentos, especialmente do Homem do século

XXI.

Diante do exposto, o evangelizador deverá conscientizar-se de que precisará atuar com profundo conhecimento e convicção bíblicos, confrontando, com amor e pulso forte, uma série de interpretações equivocadas e anticristãs sobre o mundo, sobre a fé e sobre a Pessoa de Deus.

4.2 Que Tempo é Este?

É importante que o evangelista compreenda como funciona a estrutura dos pensamentos do Homem pós-moderno. Esta estrutura está embasada em um construto de fortes ideologias e filosofias que visam promover à falsa ideia de que o ser humano é livre para viver suas escolhas, desde que o objetivo final lhe traga prazer e felicidade.

Estas duas palavras, prazer e felicidade, são as duas grandes regentes da contemporaneidade. Em seu discurso, apregoam que o Homem nasceu para ser feliz, para ser notado, cercado pelo glamour e status social. O importante na vida é obter prazer, a todo e qualquer custo, portanto, sob qualquer circunstância, a dor também deve ser evitada. Para cada dor, busca-se, instantaneamente, um remédio.

A cultura do instantâneo ensina que tudo deve ser otimizado. Para a dor, há remédios potentes; para a fome, comidas *fast-food,* prontas em instantes. No trabalho, as atividades e relatórios são "para ontem", afinal, o grande lema é *time is money,* ou seja, tempo é dinheiro. Nesta loucura da vida, as doenças físicas e mentais avassalam a existência. As indústrias farmacêuticas cada vez mais enriquecem, por meio da produção de medicamentos que tragam alívio e bem estar para o Homem estressado. É possível perceber o grau de adoecimento de uma sociedade por meio da quantidade de farmácias que são inauguradas em cada esquina de uma cidade.

Se você perguntar para o Homem pós-moderno o que é, na concepção dele, ter sucesso, a reposta emitida será que o sucesso é a possibilidade que uma pessoa tem de alcançar o tal status econômico e social, caracterizado, especialmente, pelo poder que o dinheiro pode trazer-lhe, haja vista que a posse de coisas determina o grau de reconhecimento que terá diante da sociedade. Conforme salienta Azevedo (1998):

> O ideal humano tornou-se o ideal de aparecer na televisão. As profissões de maior *glamour* são aquelas cujo sucesso é medido pelo tempo que ocupa nas telas, como as de modelo, de artista e jogador de futebol. No caso do artista-ator, não lhe basta ser genial no teatro; será

> desconhecido, a menos que seja pelo menos medíocre na televisão. No caso do jogador de futebol, a comemoração do gol perante as câmeras tem uma coreografia própria, como se fosse mais importante do que o próprio fato de a bola ultrapassar a linha da trave. Ser feliz é ser famoso. Ser famoso é estar na tela. [...] Vivemos, pois, na sociedade do espetáculo (ou seria melhor dizer que vivemos na sociedade-espetáculo?), em que há uma frenética busca por celebridades e celebrações... [...] A morte (ou a enfermidade de pessoas famosas) se tornou um circo (p. 34, 35).

Diante deste desejo por fama e posição, diga-se, de passagem que agora, há o fenômeno das mídias sociais que facilitam e contribuem intensamente para que isso ocorra, evidencia-se que, por detrás das variadas motivações, há a iminente pregação de que o ter possui supremacia em relação ao ser. Sendo assim, para ter coisas, muitos atropelam valores e princípios humanos dos mais caros, como por exemplo, a honestidade, a consideração para com o próximo e o respeito.

Ao invés disso, são movidos pela competitividade porque intencionam estar na vanguarda, chegar ao topo da escalada do sucesso, subir no primeiro lugar do pódio, nem que para que isso aconteça, seja necessário romper com os laços familiares e de amizade, por meio de atropelamentos, discórdias, intrigas e, até mesmo, como em muitos casos, da morte do outro, seja ela real ou simbólica.

Diante disso, convém salientar que a transitoriedade e a efemeridade das coisas misturam-se e presentificam-se neste grande caldeirão existencial. A equipe de evangelização tem o desafio de apresentar Jesus como o remédio para as dores ocasionadas pelas feridas do caminho, resultantes do frenesi pela busca desenfreada de alegria em fontes vazias, cisternas rotas, em poços em que a água, há muito, secou-se.

Somente o Evangelho é capaz de redirecionar o foco e o olhar do Homem para o verdadeiro sentido da vida. Por isso que, quando uma alma entrega-se a Cristo, imediatamente sente que o fardo desta vida cai por terra. Em tempos de tamanha carga, posta e imposta sobre os ombros humanos, evangelizar é anunciar que Cristo tem um jugo suave e um leve fardo (Mt 11. 28-30).

4.3 Filosofias Pós-Modernas

O evangelista precisa conhecer as principais filosofias que regem a forma de pensar contemporânea, a fim de que se prepare com argumentações bíblicas e convincentes sobre os equívocos e distorções que afastam o Homem de Deus, trazendo, consequentemente, uma série de desajustes pessoais, familiares e sociais.

4.3.1 Relativismo

O relativismo, conforme a própria palavra sugere, apregoa a ausência ou negação de formas absolutas de pensamento. Neste raciocínio, todas as coisas devem ser vistas com parcialidade, dentro do seu contexto e de acordo com as circunstâncias do momento. Sendo assim, a verdade também é relativa, pois trata-se de uma realidade que precisa ser encarada sob à ótica da individualidade e da percepção que a pessoa ou grupo tem sobre ela. Por isso, é comum que se ouça nos dias atuais que a verdade de um, não é a verdade do outro. Cada um tem a sua e deve ser respeitado dentro de sua crença. A verdade é o que o outro vê, da forma como vê!

De acordo com Nascimento (2016):

> O relativismo considera que não existe uma verdade absoluta, capaz de estabelecer regras universais para todos os homens. Para eles, a sua verdade é a sua verdade, e a minha verdade é a minha verdade; e as crenças são, em última análise, uma questão de contexto social, resultando daí a inescapável conclusão: "O que é certo para nós talvez não o seja para você" e "O que está errado em nosso contexto talvez seja aceitável ou até mesmo preferível no seu" (p. 136).

Como se pode observar, o relativismo, inclusive o moral, descontrói a ideia de verdade absoluta, sendo assim, desconsidera, por completo, a realidade plena das Escrituras. Para o mundo pós-moderno, a Bíblia não é a absoluta Palavra de Deus, que revela Sua vontade e verdade para o Homem. A Bíblia é apenas mais um livro, sagrado para os cristãos, assim como existem outros livros sagrados como, por exemplo, o Alcorão, dos muçulmanos. Toda leitura passa a ser boa e útil, tanto da Bíblia Sagrada dos cristãos como do Alcorão, livro considerado sagrado pelos muçulmanos, desde que apresente uma filosofia de vida que redunde em felicidade e prazer, e que não interfira na vivência do outro, com sua verdade.

O evangelista precisa ser um apologista, um ardoroso pregador que anuncia que a Bíblia sempre foi e sempre será um livro de absolutos, com normas claras e orientações claras sobre a verdade. Na visão relativista, o que a Palavra chama de pecado, é considerado apenas um fator que deve ser analisado à luz do contexto, logo, o pecado deixa de ser um erro, uma transgressão e um desvio do alvo, para ser visto como um elemento fruto da interpretação humana, podendo não ser tão grave assim. Por isso, questões que envolvem o casamento, os relacionamentos humanos, os vícios, a promiscuidade sexual, dentre outros, vêm sendo tão banalizadas.

Cabe ao evangelizador anunciar as verdades cristãs com dedicação, paciência, amor e zelo. O Homem pecador precisa saber que há um Deus santo, uma verdade absoluta, sublime e que garante a alegria e vida eterna (I Sm 2.2; Is 6.3; Jo 14.6; I Pe 1.15; III Jo 1.4).

4.3.2 Pluralismo

O pluralismo embasa o relativismo e, com ele, anda de mãos e braços dados. Para o pluralismo, tudo e todos têm o seu lugar, sua validade. Cita-se, a título de exemplo, o pluralismo religioso. Na visão pós-moderna, todas as religiões são boas porque são caminhos que apresentam o mesmo Deus, logo, pouco importa qual é a igreja que se deve frequentar, afinal, Deus é um só, ama a todos e está em todas as confissões de fé! Como pondera Azevedo (1998, p. 24, 25), quando elucida aspectos da visão pluralista: "Há lugar para tudo, até mesmo para a magia profana. Religião é algo em que se agarra, como na melodia cantada em vários credos religiosos: 'Segura na mão de Deus e vai'".

Outro aspecto, o do pluralismo filosófico ou hermenêutico, apregoa que não existem crenças e pensamentos filosóficos ou religiosos superiores. Defender a superioridade de um raciocínio de fé em relação a outro é um absoluto equívoco. Sendo assim, o Cristianismo e as Escrituras Sagradas não podem e não devem ser encarados como a verdadeira fé, que apresenta o único e verdadeiro caminho. Este é um grande desafio ao evangelista porque é necessário pregar que Jesus é o único caminho e não há salvação fora dEle (Jo 14.6; At 4.12).

4.3.3 Hedonismo

O hedonismo é uma característica marcante da pós-modernidade. Proveniente do termo grego *hedoné*, assinala que o prazer e a satisfação de viver devem ser o fim último a ser alcançado. Não importam as consequências dos comportamentos e das ações; ainda que sejam dolorosas e terríveis, se resultarem em prazer deverão ser vividas.

Para o hedonismo, o importante é experimentar o momento. Viver o aqui e agora. O futuro não importa. Um aspecto ligado ao hedonismo é o chamado pansexualismo. O pansexualismo apregoa que todas as formas de atividades sexuais são válidas e aceitáveis. O corpo é objeto do prazer, portanto, deve buscá-lo em toda a sua plenitude.

4.3.4 Consumismo

O consumismo é a marca da geração pós-moderna e os *shoppings centers*, suas catedrais. O prazer de comprar coisas, compulsivamente, e, na maioria das vezes, desnecessariamente, é encarado como se fosse uma real necessidade que precisa ser suprida. Fato é que, no consumismo, há falsa sensação de prazer e status social.

O apelo midiático sobre o consumo é cada vez mais intenso e desperta no ser humano o desejo de adquirir coisas que sequer lhes serão úteis. É o marketing apelativo ao desejo de posse de coisas e grandeza pessoal, não o que é, de fato, necessário para o cotidiano. Nesse ímpeto, há milhões de pessoas endividadas em cartões de crédito, debaixo da escravidão da ilusão rápida de que se pode comprar o que se quer, na hora que se quiser. Em nome do consumismo, a tecnologia cria aparelhos cada vez mais descartáveis, despertando nas pessoas o desejo de adquirir outros novos e mais modernos.

O consumismo tem adoecido milhões de pessoas, inclusive na casa de Deus. É importante mostrar que o Evangelho tem o poder de libertar o Homem de toda a sorte de fortalezas que dominam sua mente, inclusive, as fortalezas que apelam ao consumo como forma de status social.

4.3.5 Individualismo, Pragmatismo e Imediatismo

Há muita informação a ser discutida sobre o assunto, mas convém finalizar o capítulo refletindo sobre o individualismo, o pragmatismo e o imediatismo. O individualismo defende que cada um deve viver por si, conquistar suas coisas, sem considerar o outro ou os caminhos que o levarão às conquistas. Sendo assim, o individualismo é diabolicamente terrível porque contraria princípios que são inerentes ao ser humano, tais como, o olhar sobre o outro, a compaixão, a mão amiga, etc. O individualista pensa somente em si e no seu umbigo. Para ele, pouco importa as pessoas que estão ao seu lado, inclusive da família, e fará o que for necessário para conquistar seus objetivos e ter êxito, nem que para isso seja preciso passar por cima dos outros, como se fosse um trator.

Atrelado ao pragmatismo, que defende que algo deve e pode ser feito se for prático e útil, sem considerar os meios para tal e ao imediatismo, que prega que tudo deve ser resolvido às pressas, sem ter esperar pelo tempo, o individualismo gera pessoas solitárias, frias e doentes. O individualismo é um verdadeiro câncer social porque tira do ser humano a capacidade de solidarizar-se com a dor e as necessidades do próximo.

4.4 A Evangelização na Pós-Modernidade

O diagnóstico apresentado acima, evidencia a urgência da evangelização. O Homem, ao mesmo tempo em que tem se apoiado em todos os elementos narrados, demonstra grande sede de experimentar o sobrenatural. Uma prova disso são as inúmeras manifestações voltadas às práticas da espiritualidade.

Conhecer o tempo presente e preparar-se para lidar com as diferentes ideologias deve ser uma das maiores prioridades dos cristãos, haja vista que estarão lidando com sofismas, com fortalezas da mente, que atuam incessantemente para que a luz do Evangelho não penetre nos corações empedernidos (II Co 10.4).

Os evangelistas devem buscar a Deus em oração, consagração, precisam preparar-se com afinco, mediante o estudo das Escrituras e, além disso, devem estar com os olhos atentos para as mudanças sociais e a maneira como a realidade vai sendo interpretada pelo contexto social e cultural.

Mesmo em tempos tão trabalhosos, a carência de salvação, o desespero e a dor da alma têm tomado conta de milhares e milhares de pessoas, que estão tateando em busca da verdadeira paz, que somente Cristo pode dar.

Que o clamor dos desesperados desperte a igreja para levar o bálsamo que cura as feridas, refrigério que acalenta a alma castigada pelo sol da injustiça e pelas misérias da vida e, o mais importante, a certeza da salvação e vida eterna que somente podem ser encontradas na Pessoa de Cristo Jesus.

Questão para reflexão

Quais são as principais filosofias que envolvem a pós-modernidade? Cite-as, usando exemplos práticos sobre como são manifestas no cotidiano humano.

A EXCELÊNCIA NA COMUNICAÇÃO DA MENSAGEM EVANGELÍSTICA

O segredo para a evangelização eficaz reside, também, no exercício da comunicação com excelência. O Homem é um ser que se comunica. Esta comunicação se dá por intermédio de palavras, da escrita, dos gestos e, inclusive, da postura corporal. A famosa expressão "o corpo fala" reflete a realidade plena do que acontece no cotidiano.

É muito importante, ainda, considerar que, para que a igreja tenha êxito na pregação do evangelho, deverá compor uma equipe heterogênea, com diferentes talentos e habilidades. Somados, estes requisitos trarão resultados muito positivos para a obra do Senhor. Além disso, esta equipe deverá desenvolver atitudes que promovam o respeito mútuo, o senso de cooperação, a boa relação, a proatividade, a sinergia, etc.

Esta unidade, formada por cinco capítulos, tratará destes importantes assunts. Logo no primeiro, abordar-se-á o Evangelho e a comunicação. No segundo, serão elencadas várias características que devem compor o perfil do evangelizador. No terceiro capítulo, trabalhar-se-á a equipe evangelística, e em seguida, a pregação da Palavra de Deus, no capítulo quarto. Encerrando esta seção, serão apresentadas várias estratégias e planejamentos para que um trabalho de evangelização ocorra de maneira frutífera.

CAPÍTULO 1

A Comunicação e o Evangelho

A comunicação é essencial para as relações humanas e, consequentemente, para a obra da evangelização. Comunicar a Palavra de Deus com sabedoria e eficiência sempre traz excelentes resultados. O contrário também é verdadeiro. Quando a comunicação é falha e deixa a desejar, refletirá em resultados negativos. Neste capítulo, serão abordados os principais aspectos que envolvem a arte da comunicação e apresentados alguns elementos que contribuem para a sua eficácia.

1.1 O Que é Comunicação?

A comunicação está presente o tempo todo na vida humana e acontece sob os mais variados níveis, desde as formas de interação com o recém-nascido, até aos discursos mais complexos. Outro aspecto importante a ser considerado é que a palavra falada ou a oralidade é apenas uma das maneiras de comunicar. Existem outras linguagens, como por exemplo, a escrita, a visual e a gestual.

Pesquisas sobre o assunto demonstram que quando uma pessoa se apresenta diante de um grupo, 55% do impacto causado no público é decorrente da linguagem gestual, 38% pela tonalidade de voz e, apenas 7%, pelas palavras proferidas. Logo, compreende-se que as pessoas estão mais atentas se há coerência entre a sua vivência prática sobre o que está falando, do que sobre o discurso propriamente dito.

Tratando-se da comunicação visual, basta que se observe um *slogan* empresarial para que o reconhecimento da marca ocorra e venha à memória qual seja sua função produtiva. Igualmente, na linguagem gestual, apenas um olhar do pai para o filho, ou da esposa para o marido será suficiente para comunicar uma série de mensagens. Um aluno motivado para estudar, demonstrará seu interesse pela disciplina, através dos comportamentos manifestos fora e dentro da sala de aula, ao passo que, o funcionário desmotivado, denunciar-se-á por meio de suas ações e seu descontentamento, ainda que não seja traduzido em palavras. O corpo fala, portanto, a comunicação se expande e ocorre de variadas maneiras.

A palavra comunicação é oriunda do latim *communicare* e traz o sentido de participar algo a outrem, partilhar, tornar algo comum. Compreendendo a origem e a etimologia da palavra, pode-se perceber a força e a capacidade que existe no ato de comunicar. Como aponta Khoury (2009):

> O ato de comunicar pode exercer grande impacto sobre as pessoas e envolve não só palavras, mas também o gesto e o tom de voz. Ao comunicar-se, você pode influenciar pensamentos, atitudes, ações e, consequentemente, pode gerar novos comportamentos e resultados (p. 20)

Considerar o poder de influência e transformação que a comunicação pode causar no outro é preponderante, especialmente para quem faz o uso da linguagem verbal. As palavras podem transformar destinos. Certamente, cada pessoa pode relatar uma experiência em sua vida, seja ela positiva ou negativa, a partir do que lhe foi dito, especialmente, se as palavras foram proferidas por pessoas significativas, tais como, pai, mãe, avó, avô ou até mesmo por autoridades, como o professor, o pastor ou outro líder religioso.

Há de se considerar ainda, que a verdadeira eficácia da comunicação não se dá no ato em que o emissor partilha algo, antes, a genuína comunicação ocorre quando houve compreensão do que se quis dizer, por parte do receptor. Isto é sobremaneira importante porque não se trata apenas de transmitir algum conteúdo, mas conscientizar-se de que somente houve comunicação se o receptor compreendeu a mensagem transmitida, caso contrário, não terá tido êxito.

Quando se propõe a estudar a temática comunicação, logo se pensa nas formas de discurso e nos tipos de comunicação, conforme salientado acima. Todavia, um fator muito importante para que a comunicação seja efetiva reside na habilidade de escuta, de ouvir o outro.

Ouvir é uma grande dificuldade para uma geração que foi treinada para falar o tempo todo. Quando a família recebe um recém-nascido em casa, os pais, especialmente, esperam, ansiosamente, que o bebê balbucie os sons que darão forma às primeiras palavras. Assim que isso ocorre, cada vez mais será estimulada a falar e ir, aos poucos, aprimorando o discurso. A linguagem oral precede à linguagem escrita, evidentemente, e será muito valorizada no decurso da existência.

Fato é que temos, especialmente neste século, uma geração que não sabe ouvir ou que ouve muito mal. É corriqueiro, esperado e normal que alguém fale à vontade, mas é incomum parar para ouvir o outro, ou treinar o ouvido e a disposição mental para fazê-lo. Certa feita, o escritor Rubem Alves afirmou que sempre encontrou propagandas ofertando cursos de oratória, mas nunca encontrou um curso sequer de escutatória.

Ainda que pareça soar engraçada tal afirmação, ela traz consigo uma genuína constatação, a de que boa parte das pessoas quer aprender a se comunicar, a falar bem, a expressar-se de forma persuasiva, a tal ponto de convencer o outro sobre a veracidade de seus argumentos. Empresas esperam que os candidatos às vagas que carecem de preenchimento sejam comunicativos, tenham habilidade e facilidade de expressão porque a boa comunicação é vista como um elemento importante às relações sociais e do trabalho.

No entanto, é preciso resgatar a necessidade de se aprimorar a escuta e compreender que para falar bem é necessário ouvir bem. É uma relação de troca, pois quem escuta bem, tenderá a estabelecer uma boa comunicação e quem bem se comunica, tenderá a ser um bom ouvinte. Talvez, se os Homens dos nossos dias entenderem essa necessidade, haverá uma ampliação do conceito prático de comunicação. A afirmação acima vai ao encontro do que afirma Covey (2011), quando considera sobre a importância da escuta para a comunicação. Ele salienta que:

> A comunicação é a habilidade mais importante na vida. Passamos a maior parte de nossas horas de vigília nos comunicando. Mas leve em consideração o seguinte: Você passou anos aprendendo a ler e a escrever, anos aprendendo a falar. Mas e quanto a escutar? Qual foi o treino ou a instrução que lhe permite ouvir, de modo que possa compreender real e profundamente outro ser humano, a partir do quadro de referências desse indivíduo?

> Comparativamente, poucas pessoas têm um treinamento para ouvir o que quer que seja (pg. 285, 286).

São muitos os benefícios decorrentes da habilidade de ouvir o próximo para a comunicação. Dar atenção ao que o outro está dizendo permite conhecer sua realidade e favorece a abertura para pontuais possibilidades de ajuda.

1.2 A Comunicação e seu Processo

É importante conhecer como se dá o processo de comunicação. Em linhas gerais, ela envolve os seguintes critérios:

1º EMISSOR OU CODIFICADOR – é a pessoa que emite uma mensagem.

2º RECEPTOR OU DECODIFICADOR – é a pessoa que recebe uma mensagem.

3º CANAL – é o meio através do qual uma mensagem será transmitida. Pode ocorrer por intermédio da fala, imagens ou outros sons, como os musicais, por exemplo.

4º MENSAGEM OU SINAL – é o conteúdo que deseja ser transmitido.

5º FEEDBACK – resposta emitida pelo receptor ao emissor.

Um cuidado que se deve ter no processo de comunicação diz respeito aos ruídos que podem ocorrer ao longo da emissão de uma mensagem. Os ruídos são advindos através de elementos internos e externos e fazem com que a interpretação do conteúdo da mensagem perca seu propósito inicial, tornando-se, até mesmo, equivocada. Os ruídos mais comuns podem ocorrer nas dimensões: física, fisiológica, psicológica e semântica. Os ruídos físicos são aqueles decorrentes do ambiente externo. Por exemplo, se o emissor emite uma mensagem enquanto passa uma locomotiva fazendo alto barulho, certamente atrapalhará a compreensão do receptor. As construções, empresas com seu maquinário, a própria intensidade do trânsito são ruídos físicos que podem interferir na comunicação.

Outro aspecto prejudicial para a comunicação são os ruídos fisiológicos. Geralmente, as pessoas apresentam dificuldade para compreender ou interpretar uma mensagem quando estão sentindo algum tipo de dor. Uma dor de cabeça, dor abdominal ou qualquer outro tipo de dor que desestabilize o ser humano pode ser um grande ruído para a recepção da mensagem que se deseja transmitir.

Os ruídos psicológicos são decorrentes da divagação da mente do receptor e da dificuldade de concentração para compreender o que está sendo dito pelo emissor, pois o foco de atenção do indivíduo está posto em outras pessoas, coisas ou, até mesmo, nos pensamentos. Quando isso acontece, a pessoa pode até demonstrar estar atenta, no entanto, estará desligada do que está sendo dito e não apreenderá o sentido do que se quis dizer.

Por fim, os ruídos semânticos ocorrem quando a linguagem expressa não corresponde ao que fora entendido pelo receptor, especialmente por conter em seu conteúdo muitos termos técnicos. A linguagem médica, do direito e da própria ciência são exemplos geradores de ruídos semânticos, haja vista que o sentido dos termos que utilizam podem não ser o mesmo atribuído às conversas informais do cotidiano.

1.3 Comunicação e o Evangelho

Compreender os princípios da comunicação apresentados acima, certamente ajudarão os evangelistas a tornar o evangelho de Cristo inteligível e acessível para todas as pessoas.

Não haverá êxito na evangelização se determinadas posturas e discursos típicos do reduto eclesiástico não forem adaptados à realidade do mundo e do pecador. É necessário falar de maneira que o pecador compreenda o que está sendo dito e, para tanto, atentar para a linguagem a ser utilizada é fundamental.

Inicialmente, é preciso considerar que a maneira de pregar o Evangelho deve ser simples. Falar de maneira simples não é sinônimo de falar errado, desrespeitando às normas cultas do idioma, nem tão pouco, omitir o que a Palavra de Deus quer dizer àqueles ouvintes, nem alterar o sentido real do texto, apenas para ser agradável, massageando o ego das pessoas.

Falar de forma simples é ter a capacidade de transmitir a mensagem que deve ser apregoada, de maneira que até a criança consiga entender, haja vista que ela também carece da salvação em Jesus Cristo. Não se deve desconsiderar jamais que em um público há pessoas com todos os tipos de formação cultural. Há doutores, Homens que tiveram acesso à educação formal e foram se aperfeiçoando ao longo da vida, bem como existem aqueles que sequer puderam frequentar os anos iniciais da educação básica. Para com estes, a vida foi árdua e dura e tudo o que sabem é oriundo das experiências acumuladas no decorrer dos anos.

Se estes princípios elementares forem observados, com toda a certeza, o evangelizador terá êxito em seu propósito de comunicar o evangelho. Não há satisfação maior em perceber que todos estão entendendo os conteúdos sobre a Graça e o amor de Jesus, desde o mais moço ao mais velho.

Jesus é o perfeito exemplo da comunicação da mensagem evangelística. As crianças eram atraídas à Sua presença. Ele mesmo as chamou para perto de Si, afirmando que das tais era o Reino dos Céus (Mt 19.14). Certamente, Seu discurso era inteligível e elas podiam imaginar e raciocinar sobre as lições que o Mestre transmitia. Dificilmente uma criança desejará estar próxima a um adulto cuja linguagem é pesada e não inteligível.

Outro aspecto que pode ser apreendido com o Senhor Jesus é que Ele falava sobre as coisas comuns, do cotidiano. Elementos da cultura eram utilizados para revelar as grandezas eternas. As parábolas são um clássico exemplo da simplicidade da mensagem. Ele falava, utilizando-se de comparações, a partir da figura do sol, do mar, dos peixes, das moedas, do campo, da ovelha, do pastor, do trigo e do joio, dentre tantos outros modelos. Deve-se deixar bem claro que simplicidade não é sinônimo de ausência de profundidade. Cristo era tão profundo a ponto de impactar vidas e corações. Seus discursos eram diferentes dos demais religiosos porque Ele falava com autoridade (Mt 7.29).

> Jesus não pregou sermões antecedentemente preparados para certas ocasiões. Estivesse em casa, na sinagoga, na montanha ou à beira-mar, ensinava sempre de modo naturalmente e de modo informal, partindo do interesse do aluno e de suas necessidades. Ensinava a partir do que era conhecido pelo aluno, daquilo que estava claro para ele. [...] Quando um doutor da lei lhe perguntou o que deveria fazer para herdar a vida eterna, Jesus lhe citou a lei dele (Lucas 10:25,26). Na conversa com a mulher samaritana, junto ao poço de Jacó, Jesus começou a falar em "água" – coisa em que ela estava interessada, pois estava lá para retirar água daquele poço. Mas, Jesus a levou às "águas vivas"(João 4:10). [...] Partir de onde se acha o discípulo significa não só começar pelos interesses e necessidades, mas também é começar a partir da linguagem que lhe seja familiar (PRICE, 2008, p. 67, 68)

Jesus veio a este mundo para tornar conhecido e revelado o Pai. Para isso, utilizou-se de uma linguagem que favoreceu e tornou possível esse conhecimento. Ele conhecia o coração, as intenções e as motivações que moviam os seres humanos (Mt 9.4; Mc 2.8; Lc 5.22; Jo 2.24).

Não se intenciona afirmar que não há necessidade de preparo para evangelizar ou para pregar a Palavra de Deus, até porque tal concepção iria de encontro a tudo o que vem sendo dito até o presente, até mesmo para com a proposta da realização deste curso, pois não haveria razão para realizá-lo, se não houvesse a consciência de que se deve conhecer melhor, para melhor servir.

O que se pretende reafirmar é que grandes e profundas verdades podem e devem ser traduzidas em linguagem simples, acessível a todos, para que aqueles que ainda não se converteram, entendam a mensagem do Reino de Deus e reconheçam o quanto precisam entregar-se a Cristo, o Salvador, o único Deus e a vida eterna. (Jo 3.16; I Jo 5.20).

Tão importante quanto às observações expressas acima, é o fato de que deve-se observar atentamente e saber diferenciar que a linguagem e os jargões utilizados no seio da igreja, nos cultos e nos círculos de amizades entre irmãos não deve ser a mesma utilizada na evangelização, especialmente em reuniões públicas. Para os cristãos, é perfeitamente inteligível fazer uso de expressões comuns às passagens bíblicas, como por exemplo, descer fogo do céu, chamar pessoas de ovelhas, convidar as almas (recomenda-se falar pessoas) para que venham à frente receber oração ou como sinal de que estão se entregando a Cristo, comparar indivíduos que negam ou deturpam as realidades do evangelho ao joio, dentre tantos outros. Caso sejam utilizados tais termos, devem imediatamente ser explicados e nunca ficar soltos ao ar, como se os ouvintes entendessem o que significam.

Quem não conhece tais linguagens comparativas poderá achar muito estranha esta forma de comunicação da mensagem de salvação. Semelhantemente, haverá dificuldade de compreender e interpretar conteúdos que exijam raciocínio simbólico, sobretudo as crianças, que não adquiriram ainda o que Piaget, teórico e estudioso do desenvolvimento humano, chamou de pensamento hipotético-dedutivo, fase em que as abstrações começam a acontecer, após os anos da primeira, segunda e terceira infâncias.

Por fim, a mensagem do evangelho precisa ser proclamada com excelência. Todos os comprometidos com a pregação das Escrituras devem se esmerar em fazê-la da melhor forma possível, na certeza de que o Espírito Santo encarregar-se-á de atrair os pecadores para a vida abundante que só pode ser encontrada em Jesus Cristo.

Questão para reflexão

Por que é importante considerar os princípios da comunicação para que a mensagem do Evangelho seja anunciada com excelência?

CAPÍTULO 2

O Perfil do Evangelizador

Todo soldado precisa ir para a guerra muito bem preparado para vencer uma das batalhas. Esse preparo exige muita disciplina, determinação, esforço, força de vontade, além de uma série de outros requisitos que precisam ser preenchidos. Do contrário, o soldado não terá condições de guerrear ou morrerá, por despreparo e falta de atenção. Essa linguagem comparativa e simbólica é uma excelente representação do trabalho do evangelista. Ir a campo sempre será uma batalha espiritual e o cristão não deve jamais sair em direção a ele, desacompanhado das armas espirituais para o combate. O diabo não quer que vidas reconheçam a Cristo como Salvador e Senhor, portanto, guerreará, incansavelmente, para atrapalhar todo projeto evangelístico, minando as forças do evangelista e, com isso, desestimulando-o para o combate. Neste capítulo, veremos como é importante o preparo integral do missionário, tanto no aspecto físico, emocional ou psicológico e, sobretudo, espiritual.

2.1 A Importância da Visão Evangelística

O trabalho do Senhor exige dos trabalhadores visão. Sem visão a obra não progride, fica estagnada, causa desestímulo nos crentes e fica raquítica. Jesus e os apóstolos tinham visão de Reino. Para eles, cada ser humano era um potencial cidadão do Reino, logo, todo o mundo deveria ser evangelizado.

É, exatamente assim, que o evangelizador deve ser, uma pessoa de visão. Esta visão pode ser traduzida como sendo o entendimento de que todo esforço necessário para que vidas sejam alcançadas, deve ser feito. Todo recurso disponível e em perfeito alcance deve ser utilizado para levar as boas novas de salvação. A visão faz o Homem enxergar lá na frente. A visão planeja coisas agora, ainda que pequenas, mas visualiza crescimento e expansão futuros. Não está se falando aqui de dar um passo maior que a perna, como diz o adágio, ou fazer coisas que estão fora da realidade da igreja, do grupo ou do próprio evangelista, mas sim, de visualizar um projeto sendo bem executado e em franco desenvolvimento, tendo como meta maior, a salvação de vidas.

Um elemento importante ao obreiro que se ocupa com a evangelização é não dar ouvidos à negatividade ao seu redor, inclusive na igreja. Um evangelista que acolhe os ruídos e falas negativas que o cercam, não executará com êxito seu trabalho. Infelizmente nem todos estão no mesmo nível de maturidade de compreensão sobre a importância de evangelizar e, por vezes, colocarão obstáculos, falarão coisas para atrapalhar, desestimular, fazendo com que o pescador de almas pense realmente que é melhor parar e deixar a nobre tarefa para outra ocasião. A obra evangelística será sempre urgente, pois, a cada minuto, milhares de pessoas estão partindo para a eternidade sem terem conhecido a Cristo como Salvador. O destino delas é o sofrimento eterno e a realidade do inferno é cruel e dolorosa (Mt 13.42; 25.41; Lc 16.23; II Pe 2.4; Ap 19.20; 20.14; 21.8).

A Bíblia é repleta de exemplos de pessoas que tiveram visão concernente à Obra do Senhor e foram triunfantes, mesmo diante de tantos desafios. Um dos belos exemplos é o de Neemias. O povo de Deus tinha ficado cativo na Babilônia por setenta anos, mas, como diziam as profecias, chegaria a hora de voltar para casa e reconstruir a cidade. Logo, era tempo de reconstrução. Esdras e Neemias foram personagens de suma importância naquele momento, especialmente porque atenderam ao chamado de Deus para suas vidas e enfrentaram aqueles que não entendiam da visão. Certa feita, enquanto Neemias edificava os muros de Jerusalém, Tobias e Sambalate se apresentaram para atrapalhar o projeto, no entanto, o foco de Neemias, em Deus e na missão que Ele lhe confiara, não permitiu com que recuasse ou deixasse de fazer sua nobre tarefa (Ne 4).

O que pensar dos apóstolos? Quantos ataques, perseguições e prisões enfrentaram, sem tosquenejar. Paulo, o apóstolo dos gentios, passou por sérias provas, conforme fora estudado em capítulos anteriores, inclusive entre falsos irmãos (II Co 11. 25-33), todavia, ele mesmo reiterou, quando esteve diante do rei Agripa, que não fora desobediente à visão celestial (At 26.19).

Da mesma forma, o foco na visão espiritual e na salvação de pessoas manterá aceso o fogo da evangelização. Missionários entregaram suas vidas em longínquos países, em meio às selvas, muitas vezes, em terras totalmente estranhas, sem família, longe do lar e da cultura, porque o anseio por levar Cristo ao mundo fez com que perdessem tudo nesta Terra para satisfazerem a plena vontade do

Senhor, entendendo que tudo aqui é passageiro, mas a nossa pátria está nos céus (Mt 16.25; Jo 12.24; Fp 3. 20,21).

Deus tem chamado e enviado Seus filhos para a obra de evangelização. Trata-se de um chamado universal. Ele mesmo os tem vocacionado, revestido de capacitação e preparo para o exercício da nobre missão com excelência. Para cada um, há um trabalho a ser feito. A extensão e o alcance do ministério podem ser individuais, todavia, o Senhor que lhes dispensa o Seu poder, favor e recompensa é o mesmo.

Portanto, é necessário reiterar que toda a igreja tem sido chamada para a evangelização. Todos os discípulos são convocados para que saiam por todo o mundo a pregar o evangelho. A irmã pode pregar o evangelho à sua vizinha, à colega de trabalho. O jovem pode evangelizar em sua escola e seus amigos do bairro, por exemplo. O irmão pode evangelizar aquele amigo de longa data, um membro de sua família e um companheiro de profissão. A igreja local pode reunir-se para evangelizar a cidade e a zona rural. Quantas coisas podem e devem ser feitas em nível de individualidade dos crentes e por intermédio da igreja local!

É importante considerar, também, que Deus tem levantado Homens para tarefas específicas na área de evangelização. O chamado específico ocorre quando Ele mesmo ordena que pessoas sejam separadas e saiam pelo mundo, como aconteceu com Paulo e Barnabé em Atos 13. Paulo, posteriormente, tornou-se um exímio ganhador de almas, percorrendo o mundo de sua época. Foi o mesmo apóstolo quem escreveu sobre o chamado de Deus para o exercício de funções específicas, sempre com o objetivo de aperfeiçoar o corpo de Cristo (Ef 4. 11-16).

Que nesta geração se levantem Homens comprometidos com o Reino de Deus e que tenham a visão celestial. Quão glorioso será ao ganhador de almas, chegar à eternidade e encontrar vidas que conheceram a Cristo por intermédio de seu testemunho e de sua pregação. Nenhum tesouro ou prêmio se compara à grandeza de tirar uma alma das garras do inferno e torná-la uma cidadã celestial.

2.2 Características Indispensáveis ao Evangelizador

Quando uma contratação precisa ser feita, o selecionador logo avalia as características condizentes ao perfil que a vaga ou o cargo exigem. Conhecimentos, habilidades e atitudes são avaliados e farão a total diferença no desempenho da tarefa para a qual a pessoa está sendo admitida.

Esta metáfora serve para exemplificar o chamado para a evangelização. Todo aquele que se alista para o exército do Senhor precisa desenvolver algumas características que o habilitarão para o desenvolvimento da tarefa com eficácia e excelência.

Quanto mais uma pessoa se expõe a aprender e a praticar as tarefas da função em que deseja atuar, melhor e mais experiente ficará para lidar com as demandas exigidas. Assim também com o evangelista, quando mais se dedica, maior será a sua evolução constante.

Serão elencados dois aspectos salutares que devem embasar todo o fundamento que norteará a vida e o trabalho do obreiro no tocante à realização da obra evangelística. Dos dois troncos desta árvore, vários galhos e ramos brotarão e, se forem observados, redundarão em grandes frutos para o Reino de Deus. São eles:

1. Amor a Deus e Obediência à voz do Sumo Pastor – O evangelizador, antes de tudo, precisa ter passado pela experiência de conversão genuína. A conversão é o ato de render-se à Cristo, entregando-lhe a vida, totalmente e sem reservas, bem como os projetos e sonhos. É justificado, regenerado e santificado (Rm 6. 23). Com isso, passa a ser reconhecido como filho de Deus (Jo 1. 12,13; Rm 8.14, 15, 16; Gl 3. 26,27; 4. 4,5; I Jo 3.1, 10).

Como gratidão por tão grande obra em sua vida, o cristão coloca-se diante do Pai com um servo, disposto a viver para servir ao Reino nesta Terra. O apóstolo Paulo declarou-se servo de Jesus Cristo por várias vezes (Rm 1.1; Tt 1.1). O servo, a que faz referência o apóstolo, era o escravo (gr. *doulos*), aquele que não tinha mais vontade própria, ou seja, não vivia para si, antes, sua meta de vida era agradar e satisfazer as vontades do seu dono, seu senhor. Alguns textos, tais como Atos 20.24, Filipenses 1.21 e 3.8, atestam para esta atitude de rendição do apóstolo dos gentios. O servo está em constante processo de amadurecimento e aprendizagem. Ele aprende com seus erros e com as falhas alheias. Não é arrogante, antes, caminha em humildade diante do Seu Deus e dos homens. Suas atitudes são nobres, repletas de humilde e demonstram que ele tem andado com o Senhor, logo, não se embaraça com as coisas desta vida (At 4; II Tm 2. 3-5; I Pe 5.5). Sabe respeitar o tempo de ser honrado e sabe que deve respeitar autoridades por Deus instituídas (I Sm 16; At 21; Ef 4. 11-16).

O convertido também é aquele que passou pela transformação de mente (gr. *metanoia*) e crucificou a carne (gr. *sarx* – natureza pecaminosa) com suas paixões e concupiscências (Gl 5. 24). Desta maneira, não é mais regido pelas suas obras, antes, seu dia a dia é vivenciado através uma constante produção do fruto do Espírito:

> *Porque as obras da carne são manifestas, as quais são: prostituição, impureza, lascívia, idolatria, feitiçarias, inimizades, porfias, emulações, iras, pelejas, dissensões, heresias, invejas, homicídios, bebedices, glutonarias e coisas semelhantes a estas, acerca das quais vos declaro, como já antes vos disse, que os que cometem tais coisas*

> *não herdarão o reino de Deus. Mas o fruto do Espírito é: caridade, gozo, paz, longanimidade, benignidade, bondade, fé, mansidão, temperança. Contra estas coisas não há lei* (Gl 5. 19-23).

Após conhecer a Cristo, deverá ter um intenso desejo de conhecê-lo, amá-lo e servi-lo (Dt 6.5; Lc 10. 27). Assim como uma ovelha reconhece a voz do seu pastor, deve o cristão igualmente conhecer a voz de Cristo e seguir Seu comando. Este processo sempre se dará e se desenvolverá por intermédio da intimidade. A intimidade é o caminho para se conhecer profundamente uma pessoa e tornar-se, por ela, conhecido. Logo, um indivíduo terá íntimo conhecimento do outro quando houver para com ele relacionamento e convivência.

Com Cristo Jesus, esta intimidade somente será alcançada por meio de uma vida de oração e leitura da Palavra de Deus, a Bíblia Sagrada. Não há outro caminho para crescer na graça e no conhecimento sem a observância desta receita. A oração é o diálogo que permite ao Homem falar com Deus e ouvir Sua voz. Amar a Palavra de Deus, lê-la e estudá-la acuradamente e com dedicação, são os meios para se chegar ao conhecimento da vontade divina e de toda a Sua verdade (Sl 119. 11-13, 97, 105; Rm 12. 1,2; II Tm 3.16; Ap 22.6). Conhecer a Palavra de Deus é essencial para vencer os ataques e as tentações do maligno. Jesus venceu a tentação através do "Está Escrito" e Paulo salientou que ela é um dos recursos poderosos para a batalha diária da vida cristã (Lc 4. 1-13: Ef 6).

De fato, o cristão genuíno passará por constantes batalhas, pois seu inimigo não dorme. As características do ladrão apresentadas por Jesus, quando discursava sobre o bom pastor, em João 10 refletem bem as artimanhas de Satanás. Ele também tem como meta roubar a salvação, matar ou ceifar vidas para a perdição, destruindo-as eternamente (Jo 10.10). Por isso, os filhos de Deus devem estar munidos e revestidos da armadura espiritual, a fim de que possam vencer os dardos inflamados do maligno. Paulo ainda recomenda que após equiparem-se com todas as partes da armadura, devem ficar firmes e em constante oração (Ef 6).

Se cada ponto acima for observado, o evangelizador terá consciência da sua importância e do seu papel e isso servirá de fundamento para as questões comportamentais e atitudinais em relação à práxis evangelística, que será posto no item dois, abaixo.

2. Amor e Compaixão pelos Perdidos - Não haverá evangelização eficaz sem amor e compaixão pelos perdidos. Amar o próximo é uma ordenança seguida do amor a Deus (Dt 6. 4,5; Lv 19.18; Mt 22.39). A palavra compaixão é oriunda do latim *compassio* e denota a ideia de sentir a dor e compreender o sofrimento do outro. Por sua vez, *compassio* vem da raiz *compatior* (*cum* + *patior*), significando sofrer junto com alguém.

O pregador do evangelho é aquele que sofre a dor de ver alguém faminto e sedento pela presença de Deus e sai-lhe ao encontro com as boas novas de salvação. Ele estende suas mãos para trazer cura física, emocional e, principalmente, espiritual, ao Homem sem esperança. Seus pés são ligeiros para fazer o bem e seus lábios proclamam vida em abundância, através de Cristo Jesus (Jo 10.10; Gl 6.9).

Jesus Cristo é o maior paradigma de compaixão pelas pessoas. Ele as valorizava, as amava e resgatava o senso de dignidade humana. É impressionante observar, pelos evangelhos, que mesmo rodeado por multidões, era capaz de atender necessidades individuais, porque Ele via cada um, para além das multidões. Foi assim com o leproso (Mt 8), com Jairo e a mulher com fluxo de sangue (Lc 8), com Nicodemos (Jo 3) e com a mulher samaritana (Jo 4). Assim foi com tantos outros.

As Escrituras afirmam que ele movia-se de íntima compaixão pelas pessoas. Foi assim no caso da viúva de Naim que estava prestes a sepultar seu único filho (Lc 7. 11-17). Tantos outros casos nos servem de exemplo, como a cura de doentes (Mt 14.14), a multidão faminta (Mt 15.32), dentre outros. Não se tratava apenas de compaixão, mas de íntima compaixão!

No entanto, quando via pessoas andando desgarradas, como ovelhas que não tinham pastor, doía em seu interior e era movido à ação de evangelização, a fim de que fossem resgatadas (Mt 10. 35-38). Se Jesus foi o maior exemplo, deve ser seguido em tudo.

O evangelizador deve ter em sua mente a certeza de que uma alma vale mais do que o mundo inteiro (Lc 15. 3-7), logo, não deve estar preocupado com a quantidade de pessoas que irá alcançar. É evidente que desejamos ganhar muitas vidas para Cristo e bom será se o fizermos, todavia, o foco deve estar no trabalho em si e nas estratégias para que pessoas ouçam a mensagem de salvação.

É trabalho do Espírito Santo, atuar para convencer o Homem do pecado, da justiça e do juízo (Jo 16.8). Tanto o que ganha uma alma, quanto o que ganha milhões delas, estão realizando uma grande obra para o Reino de Deus. Não se quer aqui, transmitir a ideia de comodismo na evangelização, o que se pretende conscientizar é que não se deve medir o sucesso de um trabalho ou a bênção e aprovação divinos pela quantidade de alcançados, até porque a eternidade trará muitas surpresas. O importante é não deixar de semear!

Essa semeadura envolve dedicação e paciência. Do plantio à colheita, há um processo e nem sempre o que plantou, colherá. Esse princípio, que também se aplica à evangelização, foi demonstrado por Paulo, quando escreveu à igreja de Corinto (I Co 3). Portanto, cumpre realizar o trabalho e esperar a chegada do tempo de florescer e frutificar. A impaciência causa ansiedade e a pressa pode resultar em prejuízos, ao invés de benefícios.

Somente com grande amor e paixão pelas almas é que o evangelizador conseguirá entregar-se pela transformação e salvação delas. Os olhos devem estar fixos no alvo, com perseverança e persistência porque os desafios são gigantes (Lc 9.62). Não se deve recuar jamais, antes, deve-se avançar sempre!

Para que isso aconteça também é necessário considerar e planejar as questões financeiras. O planejamento financeiro é importante porque permite que diversas ações e estratégias de evangelização sejam realizadas, no entanto, não deve o pregador do evangelho trabalhar para benefício próprio, olhando para o trabalho de evangelização como meio para obter vantagens ou lucro pessoal. Quem assim pensa e age não está agindo corretamente e Deus sonda as motivações.

John Wesley, no século XVIII, grande pregador e um dos fundadores do metodismo, afirmava que o mundo era a sua paróquia. Por onde passava, alcançava milhares de vidas para Cristo através de sua pregação. Muitos outros exemplos poderiam ser citados, mas fato é que a obra de evangelização não pode parar. Cristo ainda não voltou para buscar Sua igreja, portanto, o anúncio sobre o amor de Deus, a compaixão pelos perdidos e o desejo sincero de trabalhar na seara do Senhor, sem a intenção de obter riqueza, prestígio e status devem ser motivadores para o serviço de evangelização.

Questões para reflexão

De tudo o que foi apresentado no decorrer do capítulo, apresente cinco pontos considerados importantes e imprescindíveis para todo aquele que se propõe a ser um evangelizador. Comente sua resposta.

CAPÍTULO 3

A Equipe de Evangelização

O trabalho em equipe é essencial para o êxito de um projeto e, cada vez mais, as ações colaborativas são valorizadas. Há inúmeras vantagens de se trabalhar em equipe: empatia, espírito de cooperação, proatividade e assertividade, união, metas conjuntas, discussão e estabelecimento de caminhos para a solução de conflitos, dentre tantos outros fatores. Estas características, quando somadas, trazem muitos benefícios para qualquer organização ou instituição, inclusive a igreja. Neste capítulo, abordaremos a importância do trabalho em equipe à evangelização, trataremos dos elementos que demonstram como deve ser formada e mantida uma equipe, bem como apresentaremos algumas fatores indispensáveis para que o trabalho seja realizado com excelência.

3.1 O Que é uma Equipe?

A pergunta parece simples, assim como a resposta o é. Se você desejar fazer uma rápida enquete sobre a questão, perceberá que muitas respostas serão apresentadas, sendo que cada um traz uma ideia do que seja uma equipe. Mas, a grande verdade é que, muitas pessoas confundem o que é verdadeiramente uma equipe. Para elas, basta ter um conjunto de pessoas reunidas fazendo determinada coisa para que seja considerada uma equipe.

No entanto, não é bem assim! Um conjunto de pessoas fazendo determinadas coisas juntas não necessariamente será uma equipe se não estiverem conscientes de algumas diretrizes essenciais para que se obtenha êxito naquele trabalho. Não é incomum deparar-se com pessoas que estão desempenhando um projeto juntas, mas cada uma rema para o seu lado, buscando realizar seus desejos, suas funções, alcançar seus objetivos, sem se importar com os demais. Isso não é uma equipe!

Ora, sendo assim, como pode ser definida uma equipe? Muitas definições podem ser apresentadas, mas será trazida aqui a visão de Moscovici, quando afirma que a equipe é:

> Um grupo que compreende seus objetivos e está engajado em alcançá-los, de forma compartilhada. A comunicação entre os membros é verdadeira, opiniões divergentes são estimuladas. A confiança é grande, assumem-se riscos. As habilidades complementares dos membros possibilitam alcançar resultados, os objetivos compartilhados determinam seu proposito e sua direção. Respeito, mente aberta e cooperação são elevados. O grupo investe constantemente em seu próprio crescimento (MOSCOVICI apud BITENCOURT, 2010, p. 104).

Vários elementos importantes são tratados na definição acima. Uma equipe pressupõe propósitos, trabalho em conjunto, compromisso e responsabilidade de uns para com os outros, ajuda mútua e boa comunicação. Quando uma equipe trabalha unida, acolhendo as semelhanças e respeitando as diferenças, todos ganham e o resultado é satisfatório e duradouro.

É evidente que cada ser humano tem sua personalidade e suas características próprias, no entanto, no trabalho em equipe há a necessidade clara de ouvir e compreender o outro, por vezes, ceder ou declinar de suas ideias fixas e comportamentos individuais, a fim de que a coletividade seja beneficiada e todos se desenvolvam, cresçam e gerem resultados.

Em uma equipe, cada membro estende a mão para ajudar seu companheiro. Todos têm a convicção de que estão no mesmo barco, remando para a mesma direção. Mesmo quando as divergências de opinião se apresentam, são capazes de estabelecer uma comunicação proativa, a ponto de chegarem a um consenso, ou a uma decisão conjunta, que venha trazer maiores resultados para o projeto, desta forma, todos serão beneficiados.

Mas, o que é proatividade e por que ela é tão importante? Para definir o termo, recorrer-se-á ao pensamento de Covey, quando pontua que:

> Apesar de a palavra proatividade ser atualmente muito comum nos livros sobre administração, trata-se de um termo que não encontraremos na maioria dos dicionários. Ela significa muito mais do que tomar a iniciativa. Implica que nós, como seres humanos, somos responsáveis por nossas próprias vidas. Nosso comportamento resulta de decisões tomadas, não das condições externas. Temos a capacidade de subordinar os sentimentos aos valores. Possuímos iniciativa e responsabilidade suficientes para fazer os fatos acontecerem (COVEY, 2011, p. 91).

A proatividade tem demonstrado que cada um é responsável por suas escolhas e pela maneira como administra sua própria existência. Ela diz ao ser humano que a forma como ele reage às situações e as interpreta determinará uma série de consequências ao seu redor. Sendo assim, a proatividade é muito importante no trabalho em equipe porque o individuo proativo, ao invés de reagir a uma ação de forma irrefletida, como boa parte das pessoas faz, poderá, através da autoconsciência, tomada de decisão e liberdade individual, escolher como se portar diante de uma determinada situação, considerando os menores riscos, problemas e conflitos.

Aos poucos, uma equipe bem integrada vai se moldando e criando sua própria personalidade, com seu jeito próprio de funcionar, de ser e de reagir diante das situações. Seus membros vão se conhecendo, se identificando uns com os outros e, desta forma, devem desenvolver formas sadias de comunicação, sem ou com o mínimo de ruídos que venham interferir na qualidade do processo.

É um trabalho desafiador e árduo, mas que vale muito a pena, especialmente porque a equipe desenvolverá sinergia, outro ponto fundamental para o êxito de qualquer trabalho, inclusive da obra realizada em prol do reino de Deus, haja vista que, como fora asseverado em outro momento desta disciplina, a igreja é, também, uma instituição regida, formada e administrada por pessoas.

O conceito de sinergia é por demais interessante. Do grego, *Synergis,* trata-se de uma cooperação estabelecida entre pessoas para alcançar êxito em um determinado trabalho. É quando forças são somadas para que esse trabalho alcance a excelência. Indivíduos se unem para chegar a um denominador comum, imbuídas do mesmo objetivo. Covey (2011), citado acima, salienta que a união de um casal para gerar um filho é um excelente modelo de ação sinérgica e, ainda, traz o exemplo da natureza, quando afirma que:

> Na natureza, a sinergia está em toda a parte. Se você colocar duas plantas lado a lado, as raízes se misturam e melhoram a qualidade do solo, de modo que as duas plantas crescem melhor do que se estivessem separadas. Se você coloca duas peças de madeira juntas, elas aguentarão muito mais do que o peso suportado por cada uma individualmente. O todo é maior do que a soma das partes. Um mais um é igual a três ou mais. O desafio está em aplicar os princípios de cooperação criativa, aprendidos na natureza, em nossas relações sociais. A vida familiar fornece muitas oportunidades para observar e praticar a sinergia. A própria maneira como um homem e uma mulher trazem ao mundo uma criança é sinérgica. A essência da sinergia é valorizar as diferenças – respeitá-las, investir nos pontos fortes, compensar as fraquezas (p. 317).

É interessante perceber a riqueza desta explicação. Uma equipe proativa e sinérgica é capaz de apresentar resultados extraordinários e desempenhar um grandioso projeto, redundando em poderoso crescimento.

Faz-se necessário, também, listar alguns perigos e algumas ervas daninhas que podem comprometer uma equipe: individualismo, ausência de liderança preparada, ausência de foco e objetivos, falta de comprometimento, não flexibilidade, ruídos na comunicação, problemas interpessoais, tais como, a desvalorização do trabalho do outro, etc.

Quando um líder de uma equipe percebe que tais sinais estão ocorrendo entre seus membros, deve ele estabelecer estratégias de intervenção, treinamentos e mudanças efetivas para que haja um fluir de ações, arejadas pelo resgate da ideia exata do papel e dos benefícios do trabalho em equipe.

Por fim, serão elencados abaixo, algumas das vantagens do trabalho em equipe:

1. **Promove altos desempenhos;**
2. **Conhecimentos e experiências são partilhados;**
3. **Espírito de colaboração;**
4. **Problemas são pensados e solucionados juntos;**
5. **Relações interpessoais são melhoradas;**
6. **Comunicação assertiva;**
7. **União, empatia e respeito;**

Várias outras questões poderiam ser apresentadas, haja vista que o assunto é extenso, mas suficiente o que fora colocado para que sejam feitas reflexões sobre a equipe de evangelização. Se os princípios que formam uma equipe forem observados, unidos ao labor cristão das práticas espirituais, certamente, haverá profícuo progresso na nobre tarefa de disseminar o evangelho a todos os povos.

3.2 A Equipe de Evangelização

A partir das reflexões propostas acima, pode-se perceber que para se formar uma boa equipe, bem articulada, exige-se tempo, dedicação e capacidade de acolher as pessoas e treiná-las, a fim de que alcancem altos níveis de produção e rendimento.

Jesus Cristo escolheu doze homens, dos mais variados tipos, com personalidades opostas e temperamentos difíceis de domar, no entanto, na medida em que os lapidava, fazia deles uma equipe comprometida em levar Sua mensagem de salvação e esperança (Mc 3. 16-19). Após Sua ascensão, foi essa equipe que ficou com a responsabilidade de conduzir a igreja e, o livro de Atos dos Apóstolos, demonstra como aqueles homens trataram de dar sequência ao projeto estabelecido pelo Cristo, de torná-lo conhecido às nações.

Uma equipe de evangelização é constituída, inicialmente, por voluntários que entendem que devem se unir para anunciar as boas novas de salvação. Geralmente, a igreja convida seus membros para fazer parte do trabalho evangelístico. À medida que os voluntários se apresentam, faz-se necessário estruturar um sistema de gestão, geralmente formado por pessoas que ocupam a função de liderança, coordenação ou supervisão, bem como secretaria, tesouraria, dentre outros. Igrejas que possuem uma quantidade relativamente alta de participantes tendem a estabelecer subdivisões na equipe, constituindo responsáveis pela organização de eventos, formação de grupos de teatro, musicais e bandas, dentre outros.

Prioritariamente, a equipe de evangelização deve seguir as recomendações expressas nos tópicos seguintes. Antes, reitera-se que tais atitudes devem também ser acolhidas e postas em prática em nível de individualidade, ou seja, cada membro da equipe deve atentar para a própria realização de tais ações e práticas comportamentais em sua vida, para atuar em concomitância com a igreja do Senhor.

3.3 A Necessidade de Preparo Espiritual

O preparo espiritual se dá por intermédio de ações que visam capacitar a equipe para o enfrentamento das realidades do mundo espiritual, lidando contra os ataques e dardos inflamados do maligno (Ef 6.16). Sem o preparo espiritual, a equipe não será fortalecida e poderá, até mesmo, desintegrar-se diante das investidas de Satanás. Por outro lado, se preparada espiritualmente, terá recursos da parte de Deus para romper com os portões do inferno, agindo ofensivamente e, não defensivamente. A preparação espiritual se dá mediante os seguintes fatores:

3.3.1 Oração – sem comunhão e intimidade com Deus, a vida cristã e da equipe será fria, sem vigor e limitada a meras percepções humanas. A oração amplia as percepções espirituais e a voz de Deus pode ser ouvida, mostrando direções a seguir.

3.3.2 Consagração e Jejum – a consagração e o jejum são ferramentas indispensáveis para a evangelização. Quem se consagra e jejua está mais preparado para guerrear no reino espiritual, através da sensibilidade desenvolvida com o Senhor Deus. O jejum foi um poderoso aliado dos grandes personagens da Bíblia Sagrada. Diante de grandes desafios, deixavam de se alimentar e consagravam-se inteiramente ao Senhor. Assim foi com Daniel, Esdras, Ester, Jesus, os apóstolos, Paulo e, desta forma, deve ser com todos os cristãos comprometidos com a evangelização.

3.3.3 Leitura e Estudo das Escrituras Sagradas – a leitura e o estudo das Escrituras são essenciais porque preparam a equipe para o confronto com aquelas pessoas que se apresentam para desmoralizar o evangelho. Também deve ser ela, a fonte de todo o conteúdo da pregação evangelística. Sem conhecê-la, o evangelizador falará de si, do próximo, do dia a dia, mas não terá êxito em pronunciar a Palavra que transforma o pecador, gerando a fé em seu coração (Rm 10.17). Testemunhos de milagres, experiências de conversão são extremamente válidos e podem ser compartilhados com os ouvintes, mas jamais deverão substituir à transmissão do genuíno evangelho. Portanto, compete aos membros da equipe evangelística estimular uns aos outros para que se dediquem a aprender, bem como deve haver uma tomada de decisão particular para que isso aconteça. Várias fontes de aprendizagem estão disponíveis: Escola Bíblica Dominical, Seminários Teológicos, com cursos presenciais e a distância, escolas bíblicas, conferências, simpósios e congressos, cursos rápidos de treinamento, internet, dentre outros. Não há desculpas para a falta de preparo e para a constante reciclagem. A reciclagem é uma ótima ferramenta para que haja atualização do conhecimento, partilha de ideias e novas estratégias para a atuação no campo.

3.3.4 Vigilância – a equipe evangelística, bem como cada pessoa, em particular, deve estar em constante vigilância porque o maligno não descansa e, com frequência, articula situações para derrubar o povo de Deus. Jesus aconselhou Seus discípulos a vigiar e a orar (Mt 26.41). É preciso estar atento ao que se ouve, ao que se fala e ao que se vê. Quando houver alguma discordância entre os irmãos, sobre determinada situação ou assunto, deve-se intensificar o ato de vigiar para que sentimentos ruins não se apossem do coração, trazendo inimizades e porfias. Uma equipe vigilante não cederá espaço para o que não procede de Deus, antes, ficará atenta aos ataques ao seu redor, repreendendo o diabo com toda a sua astúcia e artimanha.

3.3.5 Testemunho de Vida – a pregação do evangelho deve vir sempre acompanhada pelo testemunho de vida do pregador, caso contrário, sua mensagem cairá em total descredito. Não adianta pregar a verdade e andar na mentira. Se o cristão é um mau pagador, caloteiro, mentiroso, péssimo empregado, enrolado nos negócios, vive um casamento de fachada, pois os vizinhos e parentes bem sabem das discussões e brigas, dentre outros aspectos, o pecador ouvirá seu discurso e poderá ridicularizá-lo, até mesmo perante outras pessoas. Por isso, a equipe deve estimular que cada um de seus membros viva em retidão, dando genuíno testemunho da fé e do poder de Deus. Convém lembrar que o apóstolo Paulo salientou que a vida dos cristãos é como uma carta aberta, lida por todas as pessoas (II Co 3.3). Que o testemunho de vida de cada filho de Deus fale tão alto e compunja corações. É de Francisco de Assis o seguinte pensamento: "pregue e, se necessário, use palavras".

3.3.6 Comunhão com o Espirito Santo – É o Espírito Santo o companheiro da equipe de evangelização. Jesus disse que não deixaria Seus discípulos sozinhos, antes, Ele enviaria o outro, da mesma essência que Ele, o Consolador. Ele faria com que Seus filhos se lembrassem de todas as coisas que Ele mesmo havia dito (Jo 14). Várias são as funções do Espírito Santo na tarefa de evangelização: Ele dirige (At 16); convence o Homem do pecado (Jo 16.8); reveste os crentes de poder do alto (At 1.8); capacita os cristãos para o uso dos dons (I Co 12), etc. Nenhuma equipe terá sucesso sem a companhia agradável e doce do Espírito Santo. Ele fala, portanto, cada membro deve estar sensível e com os ouvidos bem atentos para ouvir Sua voz.

3.4 A Necessidade de Preparo Psicológico

O pregador do evangelho deve estar ciente de que poderá encontrar inúmeros desafios de ordem emocional e psicológica. São pessoas problemáticas, desestruturadas emocionalmente, que sofreram agressões físicas e psicológicas, abuso sexual na infância e adolescência, violência intrafamiliar, desemprego, dor física e emocional, por exemplo: depressão, ansiedade, esquizofrenia, relatos de suicídio, dentre tantas outras mazelas sociais. Poderá entrar em casas e se deparar com doentes em fases difíceis ou até terminais, crianças mal educadas, desnutridas, famílias totalmente disfuncionais, etc. Emprestar o ouvido para ouvir tamanha negatividade, e deixar os olhos contemplarem tamanha miséria, requer do evangelista equilíbrio emocional para separar seus conteúdos dos conteúdos das demais pessoas. Caso ele misture as estações, poderá, até mesmo, adoecer. Logo, é essencial que a equipe mantenha-se unida e realize trabalhos de escuta e partilha de necessidades. Ela deve orar uns com os outros e pelos outros, e deve acolher cada um de seus membros. Um acompanhamento constante ou esporádico por parte de um profissional da saúde, como um médico ou psicólogo, poderá ajudar a equipe a entender melhor o funcionamento humano, como também oferecer estratégias e técnicas para cuidar de si e para realizar o trabalho com maior leveza.

3.5 A Necessidade de Preparo Físico

Engana-se quem pensa que o preparo físico não é tão importante, pois ele o é. Deus deu um corpo para cada um, que deve ser muito bem cuidado, no tocante à higiene, à saúde e às vestes. A maneira como o cristão cuida de si e de suas vestes testemunha sobre Deus. Vestir-se bem é vestir-se elegantemente, não expondo o físico à sensualidade. Também não é sinônimo de roupas caras. Cada um deve vestir-se, adequadamente, de acordo com suas posses. Vestir-se bem também não é falta de humildade, pois a humildade é uma condição interna, do coração, que nada tem a ver com o exterior. Há pessoas que se vestem mal, com roupas até mesmo surradas para parecerem humildes, mas são, em verdade, extremamente arrogantes e, da mesma forma, há pessoas que são finas no trato e nas vestes, mas que também vestiram, verdadeiramente, as vestes da humildade. Fato é que, o asseio e a boa combinação de roupas e sapatos são essenciais para a vida cristã e devem ser levadas muito a sério.

A disposição e saúde física são essenciais para a realização das atividades que a evangelização requer dos seus integrantes. Um corpo adoecido terá dificuldades para andar, sair, subir e descer ruas e morros, além de outras fragilidades que são decorrentes das doenças e enfermidades físicas. Portanto, é altamente recomendável que o cristão faça exames médicos com frequência e regularidade, a fim de verificar como estão suas condições físicas, seu coração, pressão, diabetes, colesterol, taxas hormonais, etc.

Além disso, deve praticar alguma atividade física. Se não tem o hábito ou encontra-se sedentário, orienta-se a iniciar com coisas mais leves e que sejam mais prazerosas, como caminhar ou natação, por exemplo. As atividades físicas são grandes companheiras da saúde, das regulações do organismo, além de contribuir para uma série de questões de âmbito emocional, como a redução do estresse e da ansiedade, por exemplo.

Atrelado às práticas de atividades físicas há a necessidade da alimentação e do sono. Este último é essencial para o descanso e para a recomposição física. Quem não dorme, ao longo do dia experimentará uma série de desconfortos, desatenção e poderá, até mesmo, causar ou sofrer acidentes, devido ao estado de sonolência. Se alguém tem dificuldade para dormir ou insônia, deve buscar ajuda profissional e terapêutica para descobrir a origem do problema e encontrar formas de solucioná-lo.

No tocante à alimentação, cada vez mais, é sabido dos riscos da ingestão inadequada ou descontrolada de alimentos e o quanto pode ser prejudicial para a saúde, ocasionando até mesmo a morte. É importante que os cristãos alimentem-se adequadamente, de acordo com recomendações de especialistas, pois isso terá um reflexo no cotidiano e na disposição para fazer a obra do Senhor. Recomenda-se evitar a automedicação e as dietas por conta própria. Cada ser humano tem sua condição fisiológica, cujo organismo reage de forma diferente perante os estímulos externos e internos, portanto, o acompanhamento de um médico ou nutricionista deve ser individualizado e não compartilhado para várias pessoas, como se uma indicação ou receita, fosse suficiente para resolver as demandas de todos.

Por fim, a cultura e o lazer são importantes para a equipe de evangelização. Embora não pertença a este mundo, cada cristão está no mundo, debaixo das condições que fazem parte da humanidade. Dentre estas condições, está a necessidade de parar a fim de descansar, relaxar o corpo e a memória. Quando isso acontece, energias são revigoradas e o organismo se prepara para enfrentar os próximos desafios. O contrário também é verdadeiro, onde há excesso de trabalho e negligência para com o descanso, há adoecimento e casos de enfarto e morte.

A própria equipe pode promover encontros de lazer, em chácaras, sítios, na casa de um irmão, passeios e viagens, assistir um filme, etc. Tais atividades, além de promoverem o descanso, contribuem para o fortalecimento dos vínculos e dos laços de amizade e fraternidade. Não é errado e nem pecado tirar férias, ou um período de tempo para o descanso e o lazer.

Questão para reflexão

Por que é importante trabalhar em equipe na obra de evangelização e quais são os cuidados e preparos que deve ela atentar constantemente?

CAPÍTULO 4

A Pregação Evangelística

O apóstolo Paulo afirmou na carta aos romanos que *"a fé vem pelo ouvir e ouvir a palavra de Deus"* (Rm 10.17). No trabalho de evangelização é essencial que a mensagem da cruz seja pregada, porque o *"evangelho é o poder de Deus para a salvação de todo aquele que crê"* (Rm 1.16). Toda obra evangelística precisa ter a pregação da palavra de Deus como centro de sua tarefa, caso contrário, não surtirá os efeitos esperados. Pode-se fazer uso dos mais variados recursos e estratégias, mas todos devem convergir para que a mensagem seja proclamada. Neste capítulo, trabalharemos os principais aspectos ligados à pregação evangelística, bem como abordaremos os temas que são fundamentais para o conhecimento do pecador.

4.1 A Pregação

Pregar a Palavra de Deus é uma grande dádiva divina e também uma grande responsabilidade. Ser escolhido pelo Todo Poderoso para transmitir as verdades eternas deve encher o coração do pregador de gratidão e pleno regozijo, haja vista que está anunciando as boas novas de libertação e vida eterna. Com isso, é perfeitamente possível considerar que a pregação bíblica é um extraordinário milagre. Assim defende Marinho (2008), quando comenta que:

> A pregação bíblica é um milagre duplo. O primeiro milagre é Deus usar um homem imperfeito, pecador e cheio de defeitos para

> transmitir a perfeita e infalível Palavra de Deus. Trata-se de um Ser perfeito usando um ser imperfeito para ser seu porta-voz. Só um milagre pode tornar isso possível. O segundo milagre é Deus fazer que os ouvintes aceitem o porta-voz imperfeito, escutem a mensagem por intermédio do pecador e finalmente sejam transformados por essa mensagem. Esse é o grande milagre da pregação! (p. 179).

Constatar que Deus usa os Seus filhos imperfeitos para realizar uma nobre tarefa e, que esta redundará em frutos eternos, deve motivar os evangelistas a exercerem com afinco e dedicação o ministério da pregação. Não pode haver negligência nem irresponsabilidade e, muito menos, a pregação deve ser substituída por outros meios que não estejam coadunados a ela.

O Senhor Deus tem escolhido e enviado Seus filhos para que preguem a mensagem de vida e salvação. Por meio das Escrituras, pode-se encontrar os mais variados tipos de pessoas e personalidades, com seus tons pessoais na forma de pregação, todavia, é fato que, a tônica sempre foi a mesma, tornar o nome de Deus e Sua vontade conhecidos.

Constata-se isso desde os tempos do Antigo Testamento, com os patriarcas, Moisés, Samuel e os profetas. Estes últimos, especialmente, foram arautos do *"Assim diz o Senhor"*, que chamavam o povo ao arrependimento e à conversão. Eram homens de perfis psicológicos e de personalidade totalmente diferentes. Uns moravam no campo e cuidavam de animais, como foi o caso do profeta Amós, ao passo que outros, como Isaías, desempenhava a nobre função de estadista e estava sempre diante dos reis (Am 7. 14, 15; Is 1.1; 2.1; 7. 3-12; 37.21).

Nos tempos do Novo Testamento não foi diferente. O próprio Senhor Jesus chamou, vocacionou e treinou homens dos mais variados perfis para que Sua obra fosse levada adiante. Tais homens foram revestidos do poder do Espírito e saíram pelo mundo levando a semente do Evangelho a todos os lugares. A capacitação e o conhecimento humanos variavam de uns para com os outros, inclusive na elucidação de pontos difíceis de serem entendidos (II Pe 3. 15,16), mas a centralidade da mensagem e da pregação era a mesma: Cristo! (At 4.33).

No transcurso que vai do início da história da igreja até nossos dias, milhares de Homens se comprometeram com a pregação genuína da mensagem cristã, levando multidões a Cristo. Inúmeras e inúmeras experiências podem ser relatadas, todos os dias, acerca da transformação e dos milagres ocorridos por intermédio da exposição da Palavra de Deus.

O próprio estudante pode trazer à memória sobre como foi sua conversão, e quem foi o canal de Deus para a transmissão da poderosa mensagem salvífica. Se o professor abrisse um breve espaço para que cada aluno ou alguns deles, contassem como, quando, onde se converteram e quem foram os instrumentos utilizados pelo Pai, haverá diversas histórias e, com certeza, muita emoção, pois o dia em que Cristo nos alcançou será sempre lembrado com um misto de sorrisos e lágrimas, por gratidão a Deus por tão grande salvação.

A obra de Deus não parou e, Ele continua enviando cada um dos Seus filhos para anunciar que somente Jesus Cristo salva o Homem da morte e da perdição eternas. Independentemente do local, da formação, do nível de conhecimento humano ou teológico, todo cristão, do menor ao maior, é convocado a anunciar que Cristo salva e que voltará para buscar o Seu povo, a fim de levá-lo para estar com Ele, por todo o sempre.

Não há mensagem mais simples e mais poderosa do que esta: Cristo que era e é Deus, assumiu a carne humana, fruto de um milagre no ventre de Maria, por intermédio do Espírito Santo, viveu como um homem, morreu, ao terceiro dia, ressuscitou, vivo está e voltará. (Lc 1. 26-38; Jo 1.1; At 1.1; Fp 2; 5-11). A motivação para todo esse processo foi explicado por João, em seu evangelho, ainda que não tenha conseguido pôr em palavras tamanha obra de Graça e bondade divinas. Então, ele exclamou: *"Porque Deus amou o mundo de tal maneira, que deu o seu filho unigênito, para todo aquele que nele crê, não pereça, mas tenha a vida eterna"* (Jo 3.16).

Este é o fundamento que embasa todo o discurso evangelístico. A partir de agora, serão apresentados alguns elementos essenciais que auxiliam na pregação da mensagem cristã da salvação.

4.2 Características da Boa Pregação Evangelística

Toda boa pregação evangelística deve ser clara e objetiva. Aliás, clareza e objetividade são elementos essenciais para uma boa comunicação, conforme já estudado. Não é aconselhável que o pregador use termos difíceis de entender, que demandam consulta ao dicionário. Sempre que usar uma palavra fora do comum, que não está em uso no cotidiano, deve-se imediatamente explicar o seu sentido. Ouve-se, bastante, a seguinte expressão: "Não é difícil falar difícil, difícil é falar fácil!". Especialmente àqueles que têm o habito de estudar e ler, naturalmente desenvolverão um vocabulário mais rico e robusto, no entanto, infelizmente, nem todas as pessoas têm tal acesso, portanto, é papel do pregador procurar usar uma linguagem que permita fácil compreensão, ainda que esteja tratando de assuntos de grande profundidade, tais como o grandioso processo de salvação em Cristo.

Da mesma forma, o evangelizador deve estar atento quanto ao uso de termos teológicos. Estes são amplamente discutidos e trabalhados na academia, nos cursos de teologia e, até mesmo nas escolas bíblicas, como por exemplo, a Escola Bíblica Dominical. No entanto, geralmente, são desconhecidos por muitos, até mesmo dentro das igrejas, quanto mais, serão pela comunidade que está sendo evangelizada.

Há necessidade de transformar os conceitos em linguagem simples e inteligível, logo, o pecador deve entender o que significa ser justificado diante de Deus, mesmo que não ouça o termo justificação. Falar, por exemplo, de justificação de forma solta, sem explicar o que ela significa, deixará o ouvinte sem saber do que se trata. Ele poderá até imaginar algumas coisas, puxar pela memória a partir de suas experiências, todavia, somente através de uma clara explicação do termo é que ele compreenderá a essência da mensagem.

De extrema importância, cuidado e atenção devem ser dispensados ao tempo da transmissão da mensagem. Orienta-se não ser verborrágico, isto é, falar demais, estender-se no discurso, a ponto de enfadar o ouvinte. Em tempos de vida agitada, quanto maior a concisão, maior será a possibilidade de conseguir a atenção das pessoas. Não se quer dizer, com isso, que a mensagem evangelística deve ser enlatada ou encapsulada, devendo ser transmitida em pouquíssimos minutos, antes, o que se deseja afirmar é que gastar demasiado tempo ou usar palavras difíceis à compreensão, podem trazer mais prejuízos do que resultados benéficos para a evangelização.

Um aspecto de muita relevância a ser observado, reside no fato de que o pregador não deve, jamais, ser ofensivo em suas palavras. O respeito atrairá a atenção dos ouvintes e, contrário, também é verdadeiro. Ser desrespeitoso na maneira de portar-se e dirigir-se ao pecador irá afastá-lo, quando a intenção correta deve ser a de atraí-lo para Cristo. Nunca se deve atacar a religião e a fé das pessoas, tanto no evangelismo pessoal, quanto no de massa. Por mais que ela ou um grupo esteja enganado e sendo iludido por Satanás e, bem se sabe que assim é, devem os evangelistas levar a mensagem de salvação com amor e acolhida.

Há vários relatos de situações constrangedoras envolvendo o evangelismo, portas fechadas, resistência e, até mesmo, proibição para a realização de novas estratégias evangelísticas porque a comunidade ou a família sentiu-se atacada em sua fé. Não se pode confundir o confronto ao pecado e às crenças errôneas com atitudes ofensivas. Quando não se tem esse equilíbrio, perdem-se oportunidades.

A pregação evangelística ocorre, na maior parte do tempo, por intermédio das palavras. Tanto em trabalhos de evangelização de massa como no evangelismo pessoal, são as palavras pronunciadas que levarão o indivíduo ao conhecimento de Cristo. Portanto, o pregador deve estar atento ao seu discurso. As palavras podem gerar vida, mas, também, podem matar, simbolicamente falando. O autor já citado neste capítulo, afirma que:

> No sentido humano, as palavras também fazem milagres. Deus colocou na comunicação um poder quase infinito. As palavras tem o poder de conduzir sentimentos, pensamentos e ações. Uma única palavra pode produzir amor ou ódio, alegria ou tristeza, motivação ou depressão, pensamentos positivos ou negativos. [...] As palavras, portanto, são polivalentes, podendo ajudar ou atrapalhar. Podem encorajar, inspirar e tranquilizar, mas também podem decepcionar, desunir e oprimir. [...] As palavras podem fazer ou deixar de fazer milagres na vida das pessoas. E aí está o poder a ser utilizado como ferramenta do pregador (MARINHO, 2008, p. 180, 181).

Como se pôde observar, todos os evangelistas precisam estar conscientes de que suas palavras provocarão um impacto em seus ouvintes, seja ele positivo ou negativo. Outro aspecto muito importante é que, cada vez que alguém faz um discurso, a maneira como as pessoas o ouvem e o interpretam é totalmente diferenciada. Tudo o que é apreendido, passa pela história e pelas experiências de vida do indivíduo. Logo, uma parte do sermão será bem assimilada por um indivíduo e, não necessariamente, por outro, ao passo que, um determinado aspecto fará todo o sentido para este e, não para àquele. É por meio desta forma de funcionamento humano que o Espírito de Deus atua, promovendo consciência do pecado e despertando a necessidade de salvação.

4.3 O Conteúdo da Pregação Evangelística

A pregação evangelística é rica em conteúdo, portanto, deve o evangelista preparar-se para anunciar as inúmeras verdades contidas nela, especialmente no tocante à salvação. Abaixo, serão apresentados alguns temas que podem e devem ser desenvolvidos no trabalho de evangelização.

4.3.1 Deus

O pecador precisa conhecer, de fato, quem Deus é. Todos, à exceção dos que se proclamam ateus, creem na existência de Deus e afirmam depositar fé em Suas ações e interferências no cotidiano, guardando, protegendo do mal e do perigo, além de conceder milagres e realizar maravilhas. No entanto, esse conhecimento quase sempre é raso e superficial, fruto do que foi aprendido em casa, com a família, ou nos segmentos religiosos. Grande parte das pessoas sequer lê a Bíblia, mesmo que a tenham como uma espécie de amuleto dentro de casa, aberta no Salmo 91.

O evangelizador pode pregar sobre a Pessoa de Deus, Seu caráter, Seus atributos, sempre demonstrando o Seu grande amor para com a humanidade, e com o indivíduo, em particular, evidenciando que o Homem foi feito à Sua glória e que é do Seu desejo manter íntima relação para com ele.

4.3.2 Jesus Cristo e o Espírito Santo

Não haverá mensagem evangelística sem a apresentação de Jesus Cristo. Ele é o enviado às nações para resgatá-las do pecado, da morte e do juízo. Faz-se necessário pregar o Cristo vivo, que veio a este mundo, morreu e ressuscitou ao terceiro dia. Especialmente em países cristãos, como no Brasil, por exemplo, é um ledo engano pensar que todos sabem, detalhadamente, a história de Cristo. Muitos O conhecem, apenas de ouvir falar, mas nunca tiveram uma experiência real com Ele. São cristãos de fachada, de aparência, por tradição, mas não experimentaram o poder de Sua ressurreição e vida. Há os que o enxergam como um importante Homem que veio a este mundo para trazer a salvação, realizando inúmeros milagres, todavia, não se apercebem de que Ele continua transformando, libertando, produzindo coisas novas cotidianamente. A pregação evangelística deve apontar que Jesus é o Deus que se fez Homem e foi ao calvário, como uma ovelha muda levada ao matadouro, mas que venceu a morte, ascendeu aos céus e está assentado sobre o alto e sublime trono, coroado de glória e majestade, revestido de todos os atributos exclusivos da divindade. Ele é o Deus Onipotente, Onisciente e Onipresente. Ele é Eterno, Justo, Santo, Rei dos reis e Senhor dos senhores, Criador e Sustentador de tudo e de todos. Como Ele mesmo afirmou: *"É me dado todo o poder nos céus e na terra"* (Mt 28.18). Além de tudo isso, somente Jesus Cristo é o caminho e o passaporte para a vida eterna (Jo 14.6).

O Espírito Santo é um dos assuntos mais importantes para a pregação do Evangelho. Semelhantemente a Deus e a Cristo, muitos falam do Espírito Santo e afirmam crer nEle, todavia, pior do que em relação ao Pai e ao Filho, por diversas vezes pensam, equivocadamente, sobre quem Ele é. Há quem imagine que Ele é uma pomba divina, simbolizando a paz, outros o enxergam como uma força ou energia sobrenatural que se manifesta e, muitos são os que desconhecem Seus atributos e Seu caráter. Sendo assim, é muito importante enfatizar que Ele é a terceira Pessoa da Trindade. Ele é Deus, igual ao Pai e ao Cristo. Ele está presente entre os Homens, convencendo-os *"do pecado, da justiça e do juízo"*. Ele chama, capacita, ordena, envia, livra, opera grandes coisas, sinais e maravilhas, além do que deseja fazer morada no coração do pecador (Jo 16.8; At 16. 6, 7).

4.3.3 O Pecado e o Mal

É essencial que os evangelizadores preguem sobre a realidade do pecado e o mal. Não se trata apenas de falar das ações errôneas, dos pecados cometidos na esfera moral e social, nos âmbitos individuais ou coletivos, tais como: roubo, prostituição, adultério, vícios, mentira, dentre tantos outros. É preciso ir além. É necessário demonstrar que o pecado foi algo muito sério, ocorrido no Éden, quando o primeiro casal desobedeceu à ordem divina, atraindo um profundo prejuízo, rompendo a relação com Deus e, com isso, colocando toda a raça humana sob corrupção, debaixo da sentença de condenação e juízo. O pecado original afetou a terra, os animais, a natureza e o Homem, logo, é uma tragédia viver debaixo de seu domínio e escravidão. É exatamente isso que o pecado faz, roubar a alegria, a paz e a comunhão com Deus. Por detrás de tudo isso, está o arqui-inimigo de Deus, Satanás. O grande objetivo do diabo é manter o Homem na alienação, com a falsa percepção de que é feliz, cometendo toda a sorte de pecados, em nome do prazer carnal, mas que em seu fim terá a destruição e a morte (Rm 3.23; 6.23; Ap 22.15).

O mal é uma realidade, assim como o diabo o é. Ele é um ser caído, que tem seu destino traçado, o inferno, preparado também para seus anjos e para todos os que se recusarem a vir a Cristo (Mt 25.41). A Bíblia apresenta três tipos de morte: física, espiritual e eterna. A eterna é a separação de Deus por todo o sempre. Esse é o desejo e o trabalho de Satanás, fazer com a humanidade parta para a eternidade, com destino à perdição, mas Jesus Cristo se manifestou *"para desfazer as obras do diabo"* (I Jo 3.8). Que haja em cada evangelizador a tomada de consciência de tão grande seriedade e que apresse o seus pés para ser um semeador das boas novas de salvação, afinal, *"o salário do pecado é a morte, mas o dom gratuito de Deus é a vida eterna, por Cristo Jesus, nosso Senhor"* (Rm 6.23).

4.3.4 A Necessidade de Arrependimento e Conversão

Se há pecado, há necessidade de arrependimento e conversão. João Batista logo que apareceu pregando no deserto, conclamou a todos ao arrependimento. Jesus pregou sobre o arrependimento e os apóstolos deram sequência à mesma mensagem (Mt 3; 4.17; At 2).

Arrependimento é muito mais do que mero remorso, que é caracterizado por uma tristeza ou uma culpa, sem necessariamente ocorrer uma mudança. No sentido bíblico, arrependimento é uma palavra oriunda do grego *(metanoia)* e denota conversão, implicando em uma completa disposição interna, intelectual e espiritual, para uma completa e profunda mudança de direção, de caminho, pensamentos, caráter, trabalho, enfim, atitudes e ações que demonstram um novo alvo de vida.

O Homem, preso em seus delitos e pecados, precisa reconhecer sua condição de pecador, arrependendo-se e voltando-se para tamanha Graça em Cristo Jesus. O Espírito Santo é o agente que fará isso (Jo 16.8), todavia, cumpre ao pregador anunciar que todos devem arrepender-se porque o Reino dos céus é chegado (Mt 3.2).

Por fim, não há espaço para discutir todos os assuntos, mas é fato que existem vários outros temas que podem e devem ser incluídos na pregação do Evangelho, como por exemplo, as doutrinas bíblicas da regeneração, da justificação, da santificação, além da urgente e necessária mensagem sobre a volta de Cristo. Conclui-se, portanto, que há um vasto conteúdo a ser explorado e, desta maneira, não faltarão mensagens ao pregador se aplicar-se em conhecer para anunciar as Escrituras.

Questão para reflexão

Faça um resumo dos principais aspectos que devem ser observados no tocante à pregação do Evangelho. Em seguida, comente as observações com seus colegas e discutam sobre a importância de se levar a sério o caráter da mensagem evangelística.

CAPÍTULO 5

Estratégias e Planejamentos à Evangelização

A evangelização do mundo á a prioridade da igreja e há muitas formas de desenvolvê-la. Desde o contato individual às mais complexas formas de alcance coletivo, urge tornar o nome de Jesus Cristo conhecido de todos. Cada minuto que passa é um tempo precioso à salvação, mas, que na contrapartida, muitos partem desta vida sem terem experimentado a salvação em Cristo.

Assim como qualquer outro projeto, a evangelização conta com muitas frentes de atuação, porém, requer planejamento e estratégias de trabalho. Não adiantará ter grandes ideias e programas evangelísticos sem verificar as possibilidades, descobrir caminhos para a sua realização, potencial financeiro e humano, dentre outros.

Uma igreja com uma equipe sem muitos recursos poderá obter grande êxito na pregação do evangelho, se for aplicada em seus métodos e estabelecer prévia avaliação das condições e disponibilidades. Da mesma forma, uma igreja com uma equipe farta e repleta de possibilidades para desenvolver uma grande estrutura evangelística, poderá colocar todo o trabalho a perder por desorganização e má administração.

Neste capítulo, serão apresentados alguns métodos e estratégias que podem auxiliar no trabalho de evangelização, bem como serão trazidos elementos importantes no tocante ao planejamento necessário para a execução das tarefas.

5.1 Fundamentos, Conceitos e Orientações essenciais à Evangelização

Muito se fala em estratégia, mas poucos param para analisar a etimologia do termo. Sua origem está no grego *"strategia"* e significa "comando ou ofício de um general" (*strategos* = general + stratos= exército, multidão + *agos* = líder, proveniente de *agein*, comandar, liderar).

A palavra estratégia, em sua gênese, está intimamente ligada à arte de se realizar uma guerra. À medida que o tempo passou, o termo foi adquirindo novos sentidos e significados sem, todavia, perder a sua essência. Atualmente, pensar estrategicamente é pensar em planejamentos e métodos que serão utilizados para que se alcance um determinado resultado ou objetivo.

De forma semelhante, a expressão método (gr. *metá* + *hodós*) indica o caminho que se percorre para se alcançar a um objetivo. O método pode ser dedutivo ou indutivo. Quando alguém começa a falar da História Mundial para, ao poucos, chegar à História do Brasil, está fazendo uso do método dedutivo, pois partiu de uma premissa geral para uma particular. O contrário, diz respeito ao método indutivo, que é quando parte-se de uma premissa particular para uma geral. No exemplo acima, no caso do método indutivo, a pessoa começaria falando da História do Brasil, trilhando a História das Américas, até que chegasse à História Mundial.

Estratégia e método devem estar sempre de mãos dadas, pois, enquanto este aponta a direção a seguir, aquela se encarrega de operacionalizar todo o processo, ao longo do caminho. Ambas, contribuem para que o objetivo final seja alcançado. É salutar, ainda, que se considere que a técnica adequada deve ser aplicada em cada tarefa. A técnica diz respeito ao emprego de recursos que preencham a necessidade que determinada estratégia necessita, a fim de que seja operacionalizada com êxito. Logo, em consonância com o método certo, redundará em resultados efetivos para o trabalho.

EXEMPLO

OBJETIVO: evangelizar crianças que moram nos bairros A e B de uma cidade.

MÉTODO: ações públicas de evangelismo infantil.

ESTRATÉGIAS: apresentações teatrais, musicais e brincadeiras na praça, na escola ou clube do bairro.

TÉCNICAS: entrega de folhetos e outros materiais evangelísticos, tais como bíblias infantis, CDs com músicas, distribuição de doces e lanches, dentre outros.

Na obra de evangelização, muitas e diferentes estratégias podem ser utilizadas para que o Homem ouça sobre Cristo, sobre as boas novas do Evangelho e, com isso, se converta. Para tanto, torna-se necessário desenvolver uma metodologia eficiente, aliada a excelentes estratégias e planejamentos e, que façam uso de técnicas corretas. Desta forma, recursos humanos somados aos recursos espirituais, tais como a oração e a consagração, trarão resultados positivos à obra de evangelização, gerando crescimento para o Reno de Deus.

Por fim, é importante que se trabalhe com afinco o marketing da igreja. O ser humano é atraído por aquilo que ouve e, principalmente, por aquilo que vê. Por isso, as empresas cada vez mais investem em propagandas que atraiam à atenção para a necessidade da aquisição de seus produtos. Mesmo que não sejam tão necessárias assim, atraem muitos consumidores porque seus apelos são altamente convincentes.

A igreja pode fazer um excelente trabalho de marketing, afinal, tem ela a grande resposta para a maior de todas as necessidades humanas: a salvação eterna. Um bom marketing está atrelado a ações eficientes, logo, os trabalhos evangelísticos devem ser muito bem elaborados e planejados, para que não caiam em descrédito e deboche. Sempre é importante lembrar que simplicidade não é sinônimo de má organização, despreparo e coisas mal feitas. Muitos confundem esta ideia e acham que conseguirão fazer bons trabalhos com recursos desfavoráveis. Cada um deve fazer o que estiver ao alcance, estabelecendo bons planejamentos. Se assim for, a igreja e o nome de Cristo serão honrados e elogiados, não ridicularizados.

Sendo assim, é imprescindível sempre divulgar o nome e o endereço da igreja, para que sirvam de referência. Devem constar nos folhetos, nos cartazes, nas artes midiáticas, etc. Sabe-se, também, que o importante é a salvação da pessoa e que, após reconhecer a Cristo, seja levada a procurar uma igreja séria, centrada nas Escrituras e que tenha uma pregação cristocêntrica. Isso quer dizer que, se ela não puder integrar a igreja que a trouxe ao Evangelho, deve ser orientada a buscar uma denominação séria. O evangelista pode pegar seus dados e telefones, com a devida autorização, e entrar em contato com algum líder ou pastor mais próximo da residência do recém-convertido para que faça visita e estabeleça um relacionamento para discipulado e acompanhamento.

Faz parte do marketing, ainda, a atenção que se deve ter para com o templo e preparo dos obreiros. Tratando-se da estrutura física, uma igreja bem construída, bem cuidada e arejada, com um ambiente agradável, com bancos ou poltronas aconchegantes, desperta o desejo das pessoas de frequentarem-na para ouvir a Palavra de Deus. Todavia, é preciso afirmar que, cada igreja deve fazer o seu melhor, de acordo com suas possibilidades e renda. Um local simples, com poucos recursos deve, na simplicidade, fazer o que estiver ao seu alcance para receber os crentes e os novos convertidos. O que não se deve fazer, jamais, é tratar as estruturas físicas da igreja com leviandade, utilizando para isso, o discurso de simplicidade. Por mais carente de recursos financeiros que uma igreja seja, pode ela, aos poucos, organizar-se para fazer pequenas e contínuas melhorias, de maneira que possa acolher bem as pessoas. Quando não há esse cuidado, até mesmo tragédias podem ocorrer, como é o caso de desabamentos que levam pessoas à morte. Que Deus guarde cada igreja deste mal, mas que não haja negligência humana no que compete às suas responsabilidades.

Mediante toda esta importante consideração, convém afirmar também que, a forma como as pessoas serão recebidas e tratadas na igreja farão a total diferença. A recepção é a responsável pelo primeiro contato estabelecido, logo, deve ser muito bem preparada para receber pessoas. Há um adágio que afirma que a primeira impressão é a que fica e, além disso, as pessoas sempre voltam nos lugares onde foram bem recebidas e, o contrário, também é verdadeiro. Você voltaria a um estabelecimento onde não foi bem acolhido ou sentiu-se desprezado e desrespeitado? Salvo exceções, a maior parte das pessoas não voltaria.

Logo, o cuidado com a aparência, o asseio pessoal, demonstrado através dos cabelos arrumados e penteados, roupas alinhadas, dentes escovados e o sorriso no rosto, causarão a primeira boa impressão no visitante. Depois disso, deve haver total disposição para acompanhar a pessoa até o local onde possa assentar-se, para mostrar onde ficam os banheiros e a água e, se a visita estiver acompanhada de crianças, devem elas ser cumprimentadas gentilmente, da mesma forma como foram os responsáveis por ela, bem como deve ser apresentado o local onde ficarão. Se for bebê, a mãe deve ser informada sobre o lugar onde poderá trocá-lo ou amamentá-lo, se necessário for.

Importante ainda, considerar que a apresentação dessas pessoas no momento da menção dos visitantes deve ser realizada de forma agradável e com simpatia. Devem ser citados todos os nomes, inclusive o das crianças, pois, o nome é como uma melodia ao ouvido humano. Todos querem ser chamados e reconhecidos por seus nomes. Por isso, uma boa caligrafia ajuda para que não sejam apresentados de forma errada. Outro ponto a ser observado é que, em muitos lugares, ainda é comum apresentar o esposo pelo nome e, apenas anunciar o acompanhamento da esposa e filhos. Convém lembrar que essa esposa também tem um nome e deseja ser reconhecida por ele, assim como os filhos os têm. São os pequenos detalhes que fazem toda a diferença.

A apresentação deve ser sincera, com simpatia e nunca deve constranger o visitante. Portanto, é preciso tomar cuidado com gracejos envolvendo a pessoa, piadas, apelidos, dentre outros. Igualmente, ao terminar o culto, o recepcionista ou porteiro pode dispensar uma atenção maior aos visitantes, especialmente os não convertidos, despedindo-se, gentilmente e, quem sabe, entregando-lhes uma Bíblia ou um folheto, convidando-os a retornar. Sem dúvida, estas ações causarão um impacto positivo e sairão dali boquiabertos, com tamanha gentileza e demonstração de carinho e cuidado em recebê-los.

Outro ponto que deve ser amplamente considerado diz respeito ao papel do pastor, dos obreiros e dos membros em geral. É esperado deles, que sejam acolhedores e respeitosos e, nunca, julgadores ou preconceituosos. O pecador deve ser acolhido da forma como é e está, sem apontamentos. A mensagem deve ser pregada com amor e compromisso, sem a intenção de dar indiretas ao ouvinte. O pecado será confrontado à medida que o Evangelho for sendo revelado, logo, não é necessário direcionar a pregação a ponto de constrangê-lo. Certa ocasião, uma pessoa travestida entrou no templo e, o pregador, vendo-a, aproveitou o momento para usar a Bíblia e confrontá-la, do altar, citando textos que condenavam tais práticas. Todos os presentes, vez ou outra, direcionavam o olhar para o visitante, pois era o único que estava ali, daquela forma e naquela condição. Sentindo-se envergonhada, levantou-se, baixou a cabeça para não ver as pessoas e, saiu. Quanta falta de sabedoria e discernimento desse pregador, que não soube e não foi capaz de olhar com os olhos de Cristo para aquela alma sedenta e faminta de salvação. Em casos como esse, pode ser que as pessoas jamais voltem àquele lugar por sentirem-se expostas e humilhadas.

Por outro lado, obreiros bem preparados, capacitados para pregar e ensinar; músicos que esmeram-se por fazer o melhor para Deus, através do louvor, cheios de unção e, um povo que demonstra o amor de Cristo por meio de atitudes, farão a total diferença na evangelização, ganharão muitas vidas para Cristo e, sobretudo, contribuirão para a permanência do novo convertido.

5.2 Estratégias e Ações Evangelísticas

Há muito trabalho a ser feito e muitos são os caminhos para realizá-lo. Serão apresentadas algumas sugestões de formas de evangelização que podem ser abraçadas e aprimoradas, sempre adequando-as à realidade da igreja local e do grupo evangelístico.

a) Evangelismo Pessoal – ocorre quando o cristão tem a possibilidade de estar a sós com aquele que precisa conhecer a Cristo. O evangelista deverá acolhê-lo, ouvindo suas necessidades, assim, poderá pregar o evangelho com amor e mansidão, convidando-o a ir à igreja. Pode orar por ele, especialmente, chamando-o para atender ao convite do Espírito Santo para seguir a Cristo. É importante considerar o local e o momento certo para fazê-lo. Não se deve importunar ou atrapalhar a pessoa, sobretudo se ela estiver com compromissos ou em horário de trabalho. Outra consideração importante, diz respeito ao cuidado que se deve ter em relação ao sexo oposto. É necessário estar atento à linguagem corporal e evitar, a todo custo, toques e comportamentos que fujam ao que é normal e esperado. Toda prudência é essencial!

b) Culto ao Ar Livre – é um poderoso meio de propagação do Evangelho. Deve ser muito bem organizado, com som de qualidade, música e exposição da Palavra adequados ao momento. O horário deve ser propício e não precisa ser extenso. Jamais deve-se ofender ou atacar outras crenças e, enquanto o culto evangelístico acontece, pode-se aproveitar para estender faixas com mensagens do Evangelho e entregar folhetos.

c) Culto nas Casas – meio eficaz para a evangelização dos vizinhos. Muitos são resistentes em ir à igreja, mas aceitam participar de um culto na casa. Poderá ser a porta aberta para uma transformação. Deve-se respeitar o horário de inicio e término e ter o cuidado com a programação.

d) Cruzada Evangelística – é uma oportunidade extraordinária para que muitos venham a Cristo. Requer uma dedicação intensa e uma preparação que abarque os mínimos detalhes: estrutura de palco, som e iluminação, banheiros públicos, cantores e pregadores preparados, excelente programação, etc. Deve-se começar a organizar com bastante antecedência, seguida de um bom trabalho de marketing, especialmente via mídias sociais, além de que, é necessário ainda, solicitar as devidas autorizações junto aos órgãos municipais e de segurança, tais como, ofício para cessão e uso do espaço público, polícia militar, hospital, bombeiros, órgão responsável pelo trânsito, dentre outros. Pode ser necessário, também, requerer junto à empresa que fornece energia, uma quantidade maior dela, que suporte os equipamentos de som e iluminação. Uma grande equipe deverá ser mobilizada para auxiliar pessoas no dia. Os idosos devem ter lugar para se assentar. O horário deve ser observado e um amplo trabalho de evangelização deve acontecer horas antes da cruzada em si, convidando pessoas para participar do evento. Ao final, uma equipe deverá estar pronta para colher endereços e telefones de pessoas interessadas em manter contato e receber visita.

A Cruzada Evangelística também é um excelente momento para que se desenvolva um projeto social, cuja programação pode incluir: consultas e orientações médicas, advocatícias e psicológicas, além de serem oferecidos cortes de cabelo, comida e roupas para os necessitados e uma excelente programação, específica para crianças.

e) Programas de Rádio e TV – devem ser muito bem programados e organizados. Costumam ser caros, mas contribuem para que o Evangelho entre em muitos lares e instituições, inclusive hospitalares, chegando aos ouvidos, especialmente dos idosos e dos enfermos. É preciso cuidar da linguagem e do conteúdo das pregações e músicas.

f) Mídias Sociais – mais do que nunca tomaram conta da vida humana e devem ser usadas, com sabedoria, para a propagação do evangelho. Qualquer pessoa pode fazer uma *live* e, ao vivo, pregar a Palavra de Deus. As mídias sociais, especialmente as redes de relacionamento, permitem o compartilhamento instantâneo e, em questão de minutos, uma mensagem pode ser compartilhada por muitos, alcançando milhares de pessoas. Será, de fato, uma benção se usada com muita sabedoria e sensatez. Da mesma forma como muita coisa boa é veiculada, há muitas heresias, distorções e escândalos sendo fomentados.

g) Eventos em Escolas e Bairros – por meio de teatros e músicas podem ser valiosos eventos de evangelização.

h) Projetos Infantis – visita aos bairros, teatros, fantoches, músicas, brindes, brincadeiras e lanche podem atrair muitas crianças para a igreja e para Cristo. Outro maravilhoso instrumento de evangelização infantil é a chamada EBF ou Escola Bíblica de Férias, evento realizado em igrejas ou escolas, que reúne crianças o dia todo ou em parte dele, para ouvir a Palavra de Deus, cantar, brincar, comer, dentre outras atividades. Deve ser muito bem programada, com sala de aula e linguagem acessível para cada faixa etária.

i) Teatros e Sessões de Cinema – a arte, além de cativar a atenção das pessoas, pode atraí-las para a salvação em Cristo. Podem ser feitos nas praças, em escolas, igrejas e clubes. Com antecedência, é importante estabelecer uma boa divulgação.

j) Palestras – tratando de diversos assuntos, como por exemplo, saúde mental, criação de filhos, finanças, empregabilidade, dentre outros, poderão ser ferramentas de evangelização extremamente eficazes.

k) Encontros com Empresários – os empresários precisam conhecer a salvação, todavia, muitos são resistentes à pregação do Evangelho porque são apegados ao dinheiro, aos valores e bens materiais. Para estes, encontros podem ser programados em locais específicos, com programação específica, inclusive, através de empresários convertidos.

l) Distribuição de Folhetos e Literatura – a literatura e, especialmente, o folheto, continuam sendo formas tradicionais de evangelização que devem ser mantidos e aprimorados. Muitos se converteram a Cristo, após a leitura de um pequeno folheto cujo conteúdo apresentava a mensagem de salvação e de esperança.

m) Telefonemas e Correspondências – os telefonemas são ferramentas de evangelização essenciais, principalmente para casos onde pessoas estão desesperadas, desejosas, inclusive, de pôr fim à própria vida. Igrejas que têm um departamento que cuida deste importante aspecto e o divulgam, costumam receber milhares de telefonemas e têm resgatado muitas pessoas de tragédias. As correspondências podem despertar o leitor para a necessidade de salvação, bem como pode apontar para um novo começo em sua vida. Podem ser enviadas para parentes e amigos não convertidos, como para pessoas que estão afastadas dos caminhos do Senhor.

n) Evangelismo pelas madrugadas – o evangelismo pelas madrugadas é desafiador. Aconselha-se que sejam realizados sempre em grupo e que seus membros preparem-se física, emocional e, sobretudo, espiritualmente, porque encontrarão cenas terríveis, carregadas da atuação de Satanás. Não podem sair se não estiverem revestidos de toda a armadura de Deus. Pelas madrugadas, ladrões, cada vez mais armados, assaltam casas, empresas, comércios e automóveis. Muitos perambulam pelas ruas, embriagados, dominados pelas drogas, enquanto moradores de rua dormem ou caminham em busca de um abrigo. Também, há locais próprios para a prostituição. A violência e a mortandade manifestam-se com intensidade. Sendo assim, é necessário ter uma boa equipe e um bom método de trabalho. A entrega de roupas e cobertores, no inverno, bem como o sopão e o tradicional marmitex, são formas benéficas e positivas para a aproximação com o pecador, especialmente se vierem acompanhados de amor, carinho e atenção para com ele.

5.3 A Evangelização e os Projetos Sociais

Equivoca-se quem pensa que evangelizar é apenas ganhar pessoas para Cristo, a fim de que tenham a vida eterna e estejam prontas para estar com o Senhor. O Evangelho apresenta uma proposta integral do ser humano: corpo, alma e espirito são importantes e alvos de amor e cuidados. Jesus transmitia Seus ensinamentos, mas não despedia às multidões famintas, sem antes dar-lhes de comer (Mt 14. 15,16).

A igreja, seus líderes e os evangelizadores precisam atentar para a necessidade de realizar projetos sociais, pois há muitos necessitados na sociedade. Nos tempos do Antigo Testamento, Deus ordenara ao Seu povo que cuidasse dos desamparados, dos órfãos e das viúvas (Êx 22. 22,23; Dt 24. 19-21; Jó 29.12). Por vezes, profetas confrontaram reis por terem esquecido as prioridades estabelecidas por Deus, no tocante ao cuidado com os desfavorecidos. Praticar a justiça e a misericórdia era um requisito estabelecido pelo próprio Deus (Mq 6.8). No Novo Testamento, Tiago, em sua epístola, escreve que: *"A religião pura e imaculada para com Deus, o Pai, é esta: visitar os órfãos e as viúvas nas suas tribulações e guardar-se da corrupção do mundo"* (1.27), e os apóstolos preocupavam-se com a causa das viúvas (At 4. 34,35; 6.1).

Evangelizar nos tempos atuais implica em comprometer-se com as necessidades humanas em sua completude. Infelizmente, muitos cristãos estão desatentos a isso, enquanto seitas e religiões que cultuam outros deuses e estão a serviço de Satanás, levam à sério tamanha compreensão e responsabilidade. Que o Espírito Santo desperte Sua igreja para que saia do comodismo e esforce as mãos e os pés para a realização de projetos sociais, a fim de que socorra os fracos e abatidos pelas circunstâncias dolorosas desta vida.

Abaixo alguns exemplos de trabalhos que podem ser realizados, no toante aos projetos sociais

a) Projetos Educacionais – a igreja pode criar, sob orientação legal e com profissionais preparados, inclusive voluntários, centros de educação formal para crianças, jovens e adultos. Pode atuar em frentes informais que promovam o desenvolvimento das artes, tais como, a música, o teatro e pode fomentar a educação de idiomas, como o inglês e o espanhol, por exemplo. Muitos não têm acesso a esse tipo de educação e a igreja pode ser o caminho para que este belo trabalhe social se realize e traga frutos para a sociedade e para o Reino. Há inúmeros casos de conversão relatados a partir de experiências educacionais na igreja, especialmente por intermédio da música.

b) Projetos com Crianças Carentes – a igreja e os evangelistas podem acolher estas crianças e sempre estar nas instituições desempenhando os mais variados tipos de trabalho.

c) Projetos com Idosos – semelhantemente há muitos idosos em casas e em asilos esperando por amor e carinho. Os evangelizadores podem visita-los, levando carinho, amor e esperança, anunciando-lhes a mensagem de salvação. Podem realizar apresentações teatrais e musicais, além de outros eventos.

d) Projetos com Hospitais – lidar com a doença é extremamente doloroso e desgastante para o ser humano. Há vários projetos sendo desenvolvidos em hospitais que têm por objetivo trazer alegria e esperança às pessoas enfermas. A igreja pode organizar pequenos grupos e, em contato com o hospital, desenvolver estratégias que levam paz e alívio para os doentes e seus familiares. Em muitos hospitais, são realizadas apresentações teatrais e musicais.

e) Projetos em Presídios – os presídios estão repletos de pessoas que precisam de uma genuína transformação. São lugares desafiadores, portanto, os obreiros devem estar preparados e dispostos a desempenhar atividades que sirvam de bênção, salvação e esperança aos confinados. Há grandes estruturas e igrejas comprometidas com a evangelização dos encarcerados e, por intermédio delas, muitos foram resgatados e estão fazendo a obra de Deus, inclusive como pastores e obreiros na seara.

f) Projetos com Mães abandonadas pelos Maridos – grupos de mulheres podem ser formados por profissionais e evangelistas cristãos. Estas mães podem receber suporte material, afetivo e espiritual por meio de cuidadores que servem ao Senhor e têm paixão pelas almas. Muitas mulheres estão completamente desamparadas pelos seus maridos ou pelas experiências e aventuras amorosas que tiveram, carregando seu(s) filho(s) com sofrimento e dor.

g) Projetos de Saúde nos bairros – os evangelistas podem organizar programas sistemáticos de evangelização, contando com a ajuda de médicos, enfermeiros e psicólogos.

h) Projeto para Creches, Asilos e Abrigos Noturnos – a igreja que tiver condições poderá fundar creches, asilos e abrigos noturnos para socorrer os necessitados. O Evangelho será posto em pratica no cotidiano para com estas pessoas e muitas vidas conhecerão a Cristo, o Salvador.

Diante de tudo o que fora exposto, constata-se que há muita coisa por fazer enquanto que, muitas outras, aqui não foram relatadas. Cada grupo evangelístico deve conhecer sua realidade e, a partir dela, com oração e direção do Senhor, traçar estratégias que sirvam de bênção e cura física, emocional e espiritual para o ser humano. Que mais e mais cristãos sejam conscientizados e se despertem para a urgência da missão que é cuidar do ser humano em sua totalidade.

Questão para reflexão

Em sua opinião e, fundamentado em todo o conteúdo exposto neste capítulo, apresente as razões que fundamentam a necessidade de um bom planejamento evangelístico e responda: a igreja tem estado atenta para a evangelização integral do ser humano? Comente.

UNIDADE IV

PRÁXIS EVANGELÍSTICA: DA SEMEADURA À ABUNDANTE COLHEITA

Após cuidar do terreno e semear a boa semente do Evangelho, deve o evangelista preparar-se para colher os frutos do seu trabalho. A maravilha da vida cristã reside na ciência de que a obra do Senhor não é feita sem a Sua poderosa companhia, afinal, de Deus somos cooperadores, como lembrou o apóstolo, além de que, o divino Espírito Santo, encarrega-se de convencer o Homem de suas mazelas e injustiças.

Na medida em que pessoas começam a entregar-se a Cristo e passam a testemunhar de suas experiências e transformações, o coração do discípulo enche-se de motivação e esperança para continuar a caminhada. A colheita é certa e a vitória e os frutos são para a vida eterna.

Na última unidade deste livro, serão apresentados cinco capítulos muito interessantes. No primeiro, abordar-se-á o trabalho com crianças e com adolescentes, ao passo que, no segundo capítulo, reflexões sobre necessidade de evangelizar o jovem e o adulto despertarão o estudante para um olhar mais acurado sobre essas faixas etárias. No terceiro capítulo, tratar-se-á do evangelismo na cidade e no campo. No quarto, haverá uma proposta diferenciada, apresentando os grupos marginalizados e, por fim, no quinto capítulo, o chamamento à responsabilidade de um acompanhamento específico com os recém-convertidos, por meio de um eficaz trabalho de discipulado.

CAPÍTULO 1

Evangelizando Crianças e Adolescentes

Evangelizar crianças é um privilégio duplo. Primeiro, porque é uma experiência sem igual vê-las reconhecendo a Cristo como Salvador e Senhor. Segundo, porque terão a vida pela frente e poderão ser grandes ganhadoras de almas para o Reino de Deus. Atuando como pastores, missionários, evangelistas, escritores, médicos, engenheiros, advogados, no funcionalismo público ou privado, ou por qualquer outra profissão, fato é, por onde passarem, frutificarão, levando a vida de Deus aos que ainda não O conhecem.

De forma semelhante, a adolescência é um período marcado por profundas transformações no ser humano. Costuma ser encarada, especialmente pelos pais e educadores, como uma fase desafiadora, onde há um grande rompimento com os comportamentos próprios da infância. Todavia, quando um adolescente recebe a Cristo e decide viver por Ele, suas energias, garra e vigor são poderosos instrumentos que devem ser utilizados para fazer a diferença na igreja ou no local onde está inserido.

Neste capítulo, serão abordados alguns elementos importantes acerca destas duas fases do desenvolvimento humano, que precisam ser consideradas com muito compromisso e seriedade, a fim de que a igreja e, especialmente, aqueles que trabalham com a obra de evangelização possam ser profícuos e verdadeiros investidores nesta seara que costuma produzir muito fruto para a Obra do Senhor.

1.1 A Infância

A infância é um período extremamente importante do desenvolvimento humano. Trata-se de uma fase com peculiaridades específicas e, como tal, deve ser vivida e respeitada, com todas as suas características e limitações próprias. Não se deve olhar para a infância apenas como sendo um período de preparação para a vida adulta, como muitos o fazem, antes, é necessário compreender que ela, ainda que não tenha o domínio da linguagem formal, do raciocínio hipotético de um adulto e da maturidade para o enfrentamento da vida, é um ser humano como qualquer outro, protegido por leis que a amparam, garantindo-lhe seus direitos como pessoa.

Segundo demonstra Ariès (2006), no decurso da história, especialmente na Idade Média, a criança era percebida como um adulto em miniatura, sendo tratada como tal. Nas festas e nos ambientes cercados pela nobreza, constatava-se a presença dos infantes. Somente nos últimos séculos, especialmente a partir do XIX é que leis e medidas foram sendo tomadas para garantir direitos e proteção à infância, a partir de suas características e especificidades.

É muito importante considerar que a infância é o período em que as bases para toda a existência serão sedimentadas, logo, a formação e desenvolvimento da personalidade, com seus valores, crenças e princípios, assim como todo o alicerce que traz sustentação e estruturação para o autoconceito, que influenciará na autoestima, dentre tantos outros elementos, estão profundamente enraizados nesta importante fase existencial. De igual forma, é um período com grandes mudanças e adaptações cerebrais.

No Brasil, considera-se infância, o período que se estende dos zero aos doze anos de idade e está dividida em três fases: primeira, segunda e terceira infâncias. Em cada uma destas fases, ganhos e perdas constantemente ocorrem, mediante um processo intenso em que novos hábitos e comportamentos são adquiridos e vão deixando de existir, cedendo lugar a outras aprendizagens. Todavia, nenhuma destas etapas pode ser desconsiderada, antes, precisa ser conhecida e valorizada para que o desenvolvimento ocorra de forma mais natural e saudável possível. Especialmente, na primeira fase, que se estende dos zero aos seis anos, há um intenso desenvolvimento de potencialidades.

Jean Piaget (1896-1980), um teórico suíço e estudioso do desenvolvimento humano, desenvolveu sua teoria, demonstrando quatro estágios cognitivos do desenvolvimento infantil. São eles:

1º Sensório-Motor – neste estágio, que vai do zero aos dois anos, a criança percebe o mundo por meio das sensações e dos reflexos. Aos poucos começa a organizar os movimentos das mãos, dos olhos e consegue pegar objetos. O desenvolvimento físico é bastante acelerado neste período, o que contribui para que novas habilidades surjam.

2º Pré-Operatório – período que se estende dos dois aos sete anos. Nele, a linguagem aparece e, com isso, há aceleração no pensamento, trazendo mudanças na vida afetiva, mental e social da criança. Em relação à afetividade, demonstrará muito respeito pelos pais e professores, pois os consideram superiores a ela. Também terá desenvolvido, por completo, sua maturação neurofisiológica, sendo assim, adquirirá novas habilidades, como por exemplo, a coordenação motora fina e, com isso, poderá escrever, fazendo os movimentos mais delineados que a escrita exige, bem como conseguirá manusear objetos com as pontas dos dedos.

3º Operações Concretas – estágio que ocorre entre os sete e onze anos. Uma mudança significativa ocorrerá porque a criança passará a desenvolver construções lógicas. Isto possibilitará que consiga visualizar e coordenar situações sob diferentes óticas. Ela consegue trabalhar em grupo, sem perder sua autonomia.

4º Operações Formais – Inicia-se por volta dos onze anos e se estende por toda a vida adulta. No estágio de operações formais, o pré-adolescente desenvolverá o pensamento abstrato, ou seja, conseguirá operacionalizar coisas em sua mente, sem a necessidade de referenciais concretos, o que é característico do estágio anterior. Também é típico desse momento, o ser confrontador e o isolar-se socialmente, especialmente da família. Com a chegada da adolescência, chegam também os conflitos inerentes a esse momento da vida.

Conhecer os estágios de Piaget auxiliam os pais, os professores e, no caso desta disciplina, os evangelizadores a compreender como devem se preparar para lidar com cada momento da infância. Se o missionário assimilar tais conceitos, certamente, terá um olhar diferenciado para as ações evangelísticas. Ele saberá que não basta colocar todas as crianças juntas, no mesmo espaço, usar a mesma linguagem, com as mesmas técnicas e recursos porque, apesar de serem crianças, cada uma delas encontrar-se-á em um estágio do desenvolvimento humano, requerendo atenção e olhar diferenciados.

Outro estudioso importante no campo do desenvolvimento infantil foi o psicólogo russo Lev Semyonovich Vygotsky (1896 – 1934). Apesar do pouco tempo de vida, Vygotsky deixou sua contribuição singular demonstrando a importância que contexto sociocultural exerce sobre a criança. Vygotsky considerava salutar observar o contexto cultural, histórico e social da criança.

De acordo com Papalia, Olds, Feldman (2006):

> [...] Vygotsky via o crescimento cognitivo como um processo *cooperativo*. Segundo Vygotsky, as crianças aprendem através da interação social. Elas adquirem habilidades cognitivas como parte de sua indução a um modo de vida. As atividades compartilhadas ajudam as crianças a internalizar os modos de pensamento e comportamento de suas sociedades e a torná-los seus. De acordo com Vygotsky, os adultos (ou pares mais desenvolvidos) devem ajudar a dirigir e organizar a aprendizagem de uma criança até que ela possa aprender e internalizar o aprendizado. Essa orientação é muito eficaz para ajudar as crianças a atravessarem a zona de desenvolvimento proximal (ZDP), a lacuna entre o que elas já são capazes de fazer e o que não estão totalmente prontas para fazer sozinhas (p. 82).

Vygotsky demonstra a importância da interação social para o desenvolvimento da criança. Evidentemente, a família ainda é o primeiro e principal lugar de apoio e interação essenciais nos primeiros anos de vida, todavia, com as frequentes e grandes mudanças sociais, inclusive com o advento da tecnologia e da mídia, desde muito cedo, o circulo de relacionamentos dos pequenos tem sido ampliado. A creche e a escola são referências importantes e, cada vez mais cedo, os vínculos infantis com estas instituições são estabelecidos.

Diante do exposto, deve-se refletir sobre a importância da igreja e dos evangelistas infantis. Ambos são fundamentais para a formação integral das crianças, causando-lhes influência sobre a personalidade e sobre as ações do cotidiano. Além de serem instrumentos nas mãos divinas para a salvação, podem influenciar positivamente toda uma construção social e histórica, servindo de benção e referência para muitos.

1.2 Ser Criança: Desafios e Necessidades

A infância é caracterizada pela simplicidade, singeleza dos sonhos e descoberta do mundo. Na infância a aprendizagem é sempre uma maravilhosa descoberta e, a figura do adulto, alguém extremamente necessário para cuidar, proteger e orientar.

Toda criança precisa de um adulto que lhe sirva de referência. O adulto representa a tão necessária figura de autoridade, cheia da força que lhe dá segurança e proteção, que sabe estabelecer limites, mas que, da mesma forma, sempre está presente para demonstrar amor, carinho e disposição para suprir suas necessidades mais básicas. Por isso, pai, mãe ou alguém que cumpra tais papéis são fundamentais para a sua estruturação física, emocional e espiritual.

No quadro abaixo, John Drescher demonstra sete necessidades básicas da criança:

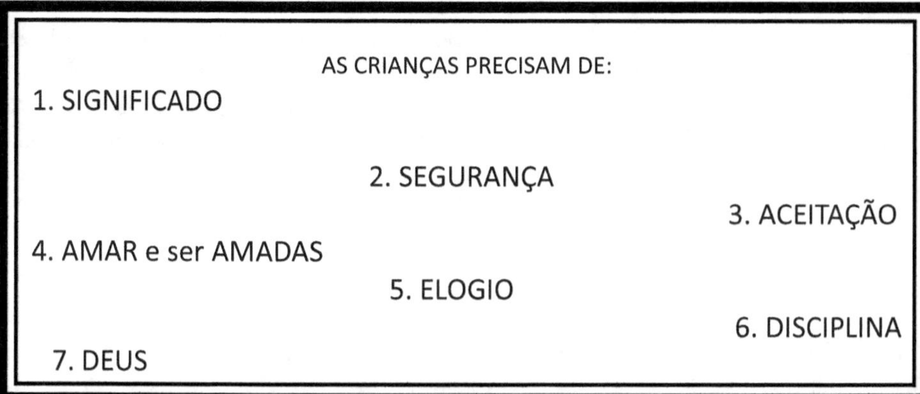

Fonte: Drescher, J. M. **Sete Necessidades Básicas da Criança**. São Paulo: Mundo Cristão, 1998.

A criança suprida em suas necessidades tenderá a desenvolver uma melhor qualidade de vida, que corroborará para um desenvolvimento integral saudável, pois cada estágio será suprido em suas demandas. É esperado que isso traga um reflexo altamente positivo na vida adulta.

Infelizmente, as pesquisas têm demonstrado que muitas crianças estão em verdadeiro sofrimento, devido à realidade que as cercam. É alto o índice de violência que experimentam, de todos os tipos: física, verbal, psicológica e sexual. A maior parte delas ocorre dentro de casa, por parte dos pais, padrastos ou madrastas, parentes e, até mesmo, amigos da família e vizinhos. Não são poucos os que batem, a ponto de espancar, levando a criança a óbito. No Brasil, por exemplo, foram implantados métodos coercitivos para coibir atos violentos e punições severas, de cunho físico e psicológico, a crianças e adolescentes, como a lei nº 13. 010/2014, conhecida como "Lei da Palmada". Apesar da ampla discussão em torno de tal lei, gerando concordâncias e discordâncias, o fato é que há grande necessidade de protegê-las do perigo e da morte.

Segundo Azevedo e Guerra (2010, p. 13): "[...] cintos, cordas, chinelo, sapato, tamanco, varas, palmatórias..." são utilizados como instrumentos punitivos. No entanto, como tais atos não se restringem ao momento, há de se considerar a seriedade dos efeitos em longo prazo. Casos de depressão, ansiedade, obesidade mórbida, envolvimento com drogas, a própria reprodução da violência, dentre vários outros problemas, são marcas que não se apagam e produzem danos severos ao desenvolvimento humano, como apresenta a literatura.

A Constituição Federal do Brasil, de 1988, expressa no artigo 227 que:

> Art 227 – É dever da família, da sociedade e do Estado assegurar à criança e ao adolescente, com absoluta prioridade, o direito à vida, saúde, alimentação, educação, ao lazer, cultura, dignidade, ao respeito, liberdade e à convivência familiar e comunitária, além de colocá-los a salvo de toda forma de negligência, discriminação, exploração, violência, crueldade e opressão (BRASIL, 1988).

Como se constata, a criança está protegida e amparada pela Constituição Federal do Brasil. Além disso, no ano de 1990, foi criado o Estatuto da Criança e do Adolescente - ECA, que tem por intuito garantir os direitos das crianças, a partir de uma específica legislação.

Este breve panorama tem o intuito de demonstrar que há muito trabalho a ser feito em prol dos pequeninos. O adversário sabe que uma criança nas mãos de Deus pode ser uma potência, desde a mais tenra idade até o fim de seus dias. Logo, fará uso de todo investimento para alienar os pequeninos da realidade da presença de Deus.

A evangelização infantil é um dos temas mais urgentes do nosso tempo e, para tanto, carece de total atenção e apoio por parte das lideranças. Se uma alma para Deus tem um precioso valor, não se deve jamais desconsiderar que a criança é uma alma e, como tal, tem sede de conhecer a Graça de Deus e Seu o amor por ela demonstrado, através de Seu Filho Jesus Cristo.

1.3 Por que Evangelizar Crianças?

Esta pergunta suscita uma série de considerações que urgem ser feitas. Como foi expresso anteriormente, as crianças devem ser evangelizadas porque precisam conhecer a salvação em Cristo. Sendo assim, a infância é o momento propício para que isso aconteça, pois, a criança terá a vida pela frente para servir a Deus.

Outro aspecto muito importante é que a criança possui uma fé simples. Sua crença está isenta de ideologias contrárias ao Evangelho, longe de pensamentos negativos, dúvidas e incredulidade. Ela confia que Jesus poderá curar o enfermo, da mesma forma que confia que Jesus poderá transformar alguém que está sem esperança. Quando ora, crê que Ele está ouvindo sua oração, mesmo que não consiga vê-lo.

A criança, por si, é uma excelente missionária. Por onde passa, não sente dificuldade para testemunhar sobre Jesus, antes, prega a mensagem de salvação para seus pais, irmãos, parentes, vizinhos, na escola, ou seja, ela não se envergonha de anunciar as verdades eternas. Há inúmeros casos de famílias que se converteram a partir dos testemunhos das crianças. Ao chegarem da igreja, recontavam as histórias bíblicas e demonstravam como Deus agira na vida dos seus personagens.

Infelizmente, há quem não invista no ministério infantil porque considera que não haverá retorno imediato, especialmente, o retorno financeiro. Também, há líderes que relegam para último plano o trabalho com crianças e, da mesma forma, existem aqueles que as consideram um estorvo, pois, segundo eles, atrapalham o culto. Muitas vezes, tais crianças são colocadas em salas de aula sem estrutura, com professores sem treinamento, que passam o tempo enrolando com músicas soltas e com papel e caneta para desenhar. Não há um propósito definido.

Aos que assim agem, falta-lhes visão evangelística, haja vista que os líderes que entendem o potencial de um departamento infantil, nele investirão, sobretudo com trabalhos que atraíam para a igreja, crianças não convertidas, pois, desta forma, muitos dos seus pais se aproximarão e terão uma experiência de conversão.

É preciso considerar o lugar da criança na família, no ministério e na igreja. Atitudes simples podem e devem ser implementadas no culto e na conscientização dos crentes. Por exemplo, quando adultos visitam a igreja para participar do culto, no ato da apresentação, deve-se ter o cuidado de apresentar as crianças da mesma forma, chamando-as pelos respectivos nomes. Da mesma maneira, quando algum irmão cumprimentar um adulto que está acompanhado de um pequenino, deverá ele cumprimentá-lo, semelhantemente.

Jesus é o maior exemplo de alguém que trouxe as crianças para perto de Si, mesmo diante de objeções, por parte dos Seus discípulos, como se vê: *"Trouxeram-lhe, então, alguns meninos, para que sobre eles pusesse as mãos e orasse; mas os discípulos os repreendiam. Jesus, porém, disse Deixai os meninos, e não os estorveis de vir a mim, porque dos tais é o reino dos céus. E, tendo-lhes imposto as mãos, partiu dali"* (Mt 19. 13-15).

Em outro momento, o Senhor deu uma lição sobre humildade aos discípulos, colocando uma criança em seu colo:

> *"E suscitou-se entre eles uma discussão sobre qual deles seria o maior. Mas Jesus, vendo o pensamento de seus*

> *corações, tomou um menino, pô-la junto a si, e disse-lhes: qualquer que receber este menino em meu nome, recebe-me a mim; e qualquer que me recebe a mim, recebe o que enviou; porque aquele que entre vós todos for o menor, esse mesmo é grande"* (Lc 9. 46-48).

Duas coisas chamam à atenção nestas passagens. A primeira delas, é que o Mestre ordenou que as crianças não fossem impedidas de chegar até Ele, porque o Reino dos céus lhes pertence. Em seguida, antes de partir, colocou sobre elas Suas poderosas mãos. A segunda, é que um menino foi utilizado por Cristo para exemplificar sobre o verdadeiro sentido da grandeza, enfatizando que quem recebe uma criança, O recebe e, quem O recebe, recebe quem O enviou.

No capítulo sobre as estratégias evangelísticas foram apresentadas algumas maneiras para se trabalhar com os pequeninos. Que haja um despertamento por parte dos evangelistas e da igreja como um todo. O diabo não brinca em serviço e sabe muito bem onde e como atacar. Ele tem levantado um exército para contaminar a mente das crianças, iludindo-as com ensinamentos contrários à vontade de Deus, em nome de uma pseudofelicidade. Várias ideologias estão sendo disseminadas através da televisão, do cinema, do teatro e, especialmente, por meio da internet, via redes sociais e outros canais.

É tempo de abrir os olhos espirituais e evangelizar os pequeninos. É necessário que mais mulheres comprometam-se em trabalhar com crianças, mas que homens despertem o interesse e sejam levantados para contribuir neste trabalho. A evangelização infantil não é um ministério especificamente feminino, antes, homens voluntariar-se e podem exercer grande e positiva influência, especialmente na vida de crianças que carecem de uma referência masculina em suas vidas.

Um inglês, cujo nome era Robert Raikes, editor do jornal de Gloucester, no século XVIII, percebeu que as crianças de sua cidade passavam boa parte do tempo perambulando pelas ruas, à mercê de toda a sorte de males, enquanto seus pais trabalhavam nas indústrias por longas horas. Comovido com aquela situação e disposto a fazer algo por aqueles meninos, passou a reuni-los e a ensinar-lhes diversos conteúdos, incluindo lições da Bíblia. Nascia com ele, uma das maiores agências de evangelização e ensino da igreja, a Escola Bíblica Dominical.

Que mais evangelistas se despertem para trabalhar com este grupo seleto de pessoas, as crianças. Mesmo que um adulto não viva para ver os frutos do seu trabalho, a eternidade os revelará. Uma criança alcançada para Cristo poderá transformar-se em grande evangelista, que ganhará milhares de almas para o Reino de Deus.

1.4 Evangelizando Adolescentes

A adolescência é um período importante por ser caracterizado pela transição da infância para a vida adulta. Trata-se de um momento onde muitas mudanças acontecem, especialmente nos seus anos iniciais, conhecidos como puberdade. Essas mudanças são notórias no físico do adolescente, como por exemplo, estirão de crescimento, desenvolvimento dos órgãos genitais, crescimento dos pelos pubianos, menstruação, hormônios em ebulição, mudança de voz, no jeito de vestir-se e de comportar-se, dentre outros.

Além das mudanças físicas, o adolescente passa por transformações na vida psicológica. Devido às questões hormonais, pode passar por momentos de oscilação de humor, ora demonstrando retraimento, tristeza, agitação, felicidade, etc. Costuma valorizar muito a opinião do outro, por isso, preocupa-se muito com a estética.

O adolescente está com o processo de pensamento bem desenvolvido e isso, certamente, interferirá nas suas ações e decisões. Geralmente, protesta por considerar que muitas coisas são retrógradas, precisando ser mudadas. Questionam o que está consolidado e o conservadorismo, além do que, não raramente, vivem na invulnerabilidade, acreditando que podem correr sérios riscos, que a tragédia poderá até mesmo alcançar outros, no entanto, nunca os abaterá.

Muitos pais e professores, por desconhecerem ou não saberem lidar com os adolescentes e suas crises, acabam por rotulá-los, taxando-os de irresponsáveis, imaturos, rebeldes, etc. Também, há os que chamam esse momento de transição de "aborrescência", aludindo aos aborrecimentos que os adolescentes costumam trazer. Eles, na verdade, precisam ser ouvidos e acolhidos.

No entanto, é necessário compreender que, é justamente neste período difícil que projetos devem ser planejados, a fim de que os adolescentes sejam influenciados pela verdade do Evangelho, tenham uma viva experiência cristã e sejam salvos de toda a sorte de influências negativas.

Adolescentes que são estimulados à vida com Cristo e canalizam suas energias para várias atividades, dentro e fora da Obra do Senhor, são dinâmicos, dispostos e generosos no serviço, além do que são grandes ganhadores de almas para Jesus. Eles mesmos possuem muitas ideias e planos. Se estão interessados e motivados, gostam de trabalhar, comprometem-se e realizam coisas extraordinárias.

É comum nesta fase, que vai dos doze aos vinte anos, segundo a Organização Mundial da Saúde (OMS), embora, atualmente, tem-se falado em adolescência tardia, que ultrapassa a marca dos vinte anos, que os adolescentes se distanciem de seus pais e busquem identificar-se com um grupo. Por isso, é típico encontrar adolescentes que são adeptos do grupo A ou B e, para que possam ser admitidos nele, precisam vestir-se, falar, andar, gostar das mesmas coisas que eles, etc.

Diante desse quadro, há grande necessidade de conhecerem a Cristo e é necessário que os evangelistas se apresentem, levando-lhes a mensagem de salvação. Com o advento das mídias sociais, o perigo ronda os adolescentes, todos os dias. Há muitas pessoas mal intencionadas, influenciando-os às práticas pervertidas, que podem leva-los à morte.

Foi-se o tempo em que havia segurança quando um adolescente estava dentro de casa, junto aos pais. Hoje, mesmo aparentemente protegido entre quatro paredes, pode estar só e desprotegido, tendo como companhia o celular e o computador. A internet apresenta pornografia, estimula vícios e, tristemente, jogos e desafios que podem levar à morte, como ocorreu recentemente através de um jogo chamado "baleia azul", onde adolescentes eram instruídos pelas madrugadas a cumprir desafios, sendo o suicídio, o último deles.

Homens sem Deus, verdadeiros instrumentos de Satanás, estão ativamente fomentando crenças e ideologias que afrontam o plano de Deus para o adolescente. Discursam sobre a liberação das drogas e do aborto, pregam a ideologia de gênero, estimulam as mais variadas formas de prática sexual, até mesmo à bestialidade, incitam à rebeldia, à desonra aos pais e aos bons princípios e legados sociais, etc.

Por fim, que se levantem nesta geração, evangelistas comprometidos com o Reino de Deus, cheios de sabedoria, Graça e unção do Alto, para que sejam porta-vozes de salvação física, emocional e espiritual. Há muito trabalho a ser feito e poucos são os trabalhadores. É preciso rogar ao Senhor da seara, que envie trabalhadores para a Sua seara (Lc 10.1,2).

Questão para reflexão

Por que é extremamente importante desenvolver trabalhos evangelísticos com crianças e adolescentes? Em sua opinião, por que ainda há pouco investimento nestas áreas?

CAPÍTULO 2

Evangelizando Jovens e Adultos

Tornar-se adulto é ter a possibilidade de viver uma das melhores fases da existência, repleta de desafios e conquistas. A vida adulta se apresenta trazendo novas realidades para o ser humano, especialmente nos anos iniciais da juventude, quando devem ser feitas as escolhas profissionais e de carreira, devido à necessidade do trabalho, os passos que envolvem o casamento e a construção familiar, a chegada dos filhos, as conquistas materiais, como por exemplo, da casa, do carro, escola para os filhos, dentre tantos outros aspectos, até que cheguemos a um marco importante, chamado aposentadoria.

Com a expectativa de vida cada vez mais elevada, a senilidade é outro elemento que deve ser considerado, haja vista que as pessoas estão vivendo anos a mais e têm plena capacidade para a realização de muitas tarefas. Não é incomum ver os idosos mantendo uma rotina que lhes dá sentido e utilidade para a vida. Eles dirigem seus carros, viajam, saem às compras, administram negócios, dentre outros elementos que caracterizam sua força e capacidade.

Neste capítulo, serão abordados aspectos relevantes sobre a temática, bem como serão apresentados caminhos para que a evangelização ocorra de forma efetiva para pessoas que estão na vida adulta, inclusive abordando a necessidade da evangelização nos centros educacionais, bem como em projetos voltados para a chamada terceira idade.

2.1 O Adulto e o Desenvolvimento Humano

A partir dos anos finais da adolescência, o ser humano entra em um novo ciclo existencial. Muda-se a forma de enxergar o mundo e as circunstâncias, assim como as aspirações e motivações vão adquirindo novos contornos. Assuntos, tais como, escolha profissional, empregabilidade, casamento e constituição familiar, dentre vários outros, começam a ser pensados com maior seriedade pelo jovem, além do quê, como se não bastasse, há a cobrança social para que crie asa e comece a voar, rumo às conquistas e a tão esperada independência econômica e financeira.

No entanto, com o passar dos anos, as motivações e o olhar para a própria vida mudam de perspectiva, com a chegada da velhice. Agora, repleto de experiências, rugas e sinais dos tempos, o Homem passa a perceber com maior sensibilidade questões que envolvam sua qualidade de vida, saúde, relacionamentos e, até mesmo, a realidade da morte. Estes temas envolvem o cotidiano dos idosos e são alvos de importantes reflexões sobre tudo o que vivenciaram ao longo do tempo.

K. Warner Schaeie (1977-1978), um estudioso do desenvolvimento humano, propôs o desenvolvimento cognitivo em sete estágios, acentuando que dos vinte aos trinta anos, os jovens adultos utilizam o conhecimento que têm, a fim de que alcancem seus objetivos, através da construção da família e da carreira profissional.

Piaget, outro teórico já citado nesta disciplina, afirmava que quando o ser humano chega neste estágio do desenvolvimento, tem como característica o surgimento das operações formais, pois é capaz de pensar hipoteticamente e lidar com questões de cunho abstrato. No entanto, estudiosos avançaram em pesquisas e propuseram uma compreensão além, denominando-a de pensamento pós-formal. Ainda que carecesse de maior embasamento cientifico, o pensamento pós-formal pontua que mudanças cognitivas ocorrem ao longo da vida adulta e sugere que:

> O pensamento na idade adulta parece ser flexível, aberto, adaptativo e individualista. Ele faz uso da intuição e da emoção, bem como da lógica para ajudar as pessoas a enfrentar um mundo aparentemente caótico. Aplica os frutos da experiência a situações ambíguas. Caracteriza-se pela capacidade de lidar com a incerteza, com a inconsistência, com a contradição, com a imperfeição e com a conciliação [...] O pensamento pós-formal é relativista. O pensamento imaturo vê preto e branco (certo versus errado, intelecto versus sentimentos, mente versus corpo);

> o pensamento pós-formal vê tons de cinza (PAPALIA, OLDS, FELDMAN, 2007, p. 531, 532).

Como se percebe, novas olhares para a realidade estão presentes na vida do jovem e do adulto. Se, na infância, a maneira de enxergá-la dava-se pela imitação dos referenciais e, na adolescência, através da ampliação das formas de pensamento, agora, neste novo momento, independência e autonomia são palavras que norteiam sua vida, por meio das elaboradas construções cognitivas.

É importante compreender todo este processo, ainda que basicamente, para que o evangelista desenvolva estratégias de evangelização que atinjam o coração das pessoas, desde os mais jovens aos mais velhos. Em contextos diferentes, mediante estratégias diferentes, todos precisam e devem ser alcançados pela salvação, mediante a exposição de Cristo, a salvação.

2.2 Fé *versus* Razão: O Jovem e o Desafio da Universidade

É perigoso e nocivo quando um cristão é adepto do anti-intectualismo, por considerar que o exercício intelectual é desnecessário para o ser humano que serve a Deus. Por muito tempo, defendeu-se que a vida acadêmica servia para desviar os crentes da fé, pois se ocupavam com estudos e leituras de teóricos, muitos deles, assumidamente ateus e, por conta disso, teriam suas crenças abaladas e desviar-se-iam da verdade do Evangelho.

Também não foi raro ouvir discursos sobre os prejuízos de se entrar em uma faculdade porque atrapalharia a pessoa de frequentar os cultos durante a semana e, principalmente, tiraria o seu foco de pensar nas coisas do alto e da vida eterna no céu.

Esta visão esteve ancorada fortemente em crenças antigas que foram sendo transmitidas no transcurso do tempo e que permaneceram no pensamento dos filhos de Deus por décadas. Acreditava-se que fé e razão não poderiam caminhar juntas, afinal, uma não tinha nada a ver com a outra e, não raro, eram conflitantes.

Nas considerações desenvolvidas sobre o anti-intelectualismo, Nascimento (2016) afirma que:

> É preciso relembrar a ideia enganosa aceita por muitos (cristãos ou não) de que há uma dicotomia entre fé e razão, e que a vida deve ser dividida em dois grandes compartimentos, separando o espiritual do intelectual e o sagrado do secular. De acordo com essa crença dualista, o primeiro "compartimento" seria

> para expressar a religião (aspecto espiritual-privado-sagrado) e o outro para viver "a vida real" (aspecto intelectual-público-secular). Nessa visão dicotômica, o mundo da religião deve preocupar-se somente com as coisas espirituais, tais como salvação e santidade, e pouco se importar com questões intelectuais, afinal, seria assunto da esfera da razão. Nisso, a vida cristã torna-se fraturada e restrita, sem capacidade de discutir os problemas sociais e muito menos influenciar a cultura (p. 58).

Historicamente, de forma especial, após a Idade Média, houve a tentativa, por parte de cientistas e filósofos, de provar que a razão seria a detentora de todo o saber válido, ou seja, do saber científico, que fora observado, testado e comprovado e que a religião teria seu papel, ocupando-se das questões de fé, apelando, principalmente, à subjetividade do indivíduo.

Fato é que, infelizmente, cultivou-se o pensamento de que a formação acadêmica, sobretudo, universitária, era dispensável. Até mesmo a formação teológica não era encarada por muitos com bons olhos. A pregação da volta iminente de Cristo contribuiu para que inúmeras pessoas desistissem da militância acadêmica e, por conta disso, perderam oportunidades de crescimento na vida profissional e pessoal, afinal, Jesus ainda não voltou.

A bem da verdade, a fé nunca foi inimiga da razão, e vice-versa. Deus fez o ser humano completo e Sua grande dádiva ao Homem residiu na capacidade que lhe foi outorgada para que pudesse pensar e raciocinar. John Stott, renomado pastor e teólogo britânico, afirmava que crer é também pensar, ou seja, a fé não está dissociada da razão, antes, é uma fé intelectiva, que crê à luz da razão, diante do que fora expresso nas Escrituras sobre Deus e Seus feitos. Para isso, salutar é fazer uso do raciocínio, do pensamento racional.

Da mesma forma, é possível ponderar sobre a visão que pairou sobre a mente de muitos, no tocante à filosofia. Oriunda de termos gregos, a palavra significa amante da sabedoria. Seu objetivo é despertar no Homem a capacidade de inquirição, de questionamento daquilo que é posto como sendo inquestionável, de fazê-lo pensar sobre a vida e a morte, sobre o mundo e as pessoas, além de questões que envolvam a eternidade e a deidade.

A filosofia tem se ocupado em oferecer explicações para questões que envolvem a criação do mundo, as relações humanas, as inquietudes do Homem, dentre outros. Vários teólogos a desprezaram, ao passo que muitos a consideraram essencial para o auxílio na compreensão teológica. É evidente que a fé se sobrepõe diante de todo raciocínio filosófico, mas isto não quer dizer, sob hipótese alguma, que a filosofia é algo que deva ser demonizado e que, portanto, precisa ser descartada por completo.

Em termos de formação acadêmica, pode-se refletir, por exemplo, na universidade. Ela é o local propício à aprendizagem e formação profissional de todo jovem e adulto que deseja crescer no conhecimento específico de uma área do saber. Com a facilidade de acesso aos cursos de nível superior, cada vez mais, pessoas são estimuladas a buscar formação para que desenvolvam suas careiras e, com isso, tenham maior possibilidade de alcançar estabilidade financeira.

No entanto, a universidade está cercada por vários desafios que sugerem a necessidade premente de evangelização. Os jovens têm acesso a um novo mundo de coisas e descobertas, filosofias e ideologias, bem como são despertados pela ideia de liberdade, característica do momento, haja vista que, entrar em uma universidade funciona como um rito de passagem, quando começam a ser considerados como adultos, capazes de decidir a própria maneira de viver. É neste momento que, por inúmeras vezes, muitos alunos se veem perdidos, em busca da verdade e, não são poucos os que se envolvem com amizades perigosas e, com isso, acabam por entrar em caminhos tortuosos, que podem, inclusive, leva-los à morte.

Geisler e Turek afirmaram que, atualmente, ao invés de universidades, existem as denominadas *pluriversidades*. Para os autores, as pluriversidades,

> São instituições que consideram todos os pontos de vista tão válidos como quaisquer outros, por mais ridículo que possa ser, com exceção do ponto de vista de que apenas uma religião ou visão de mundo possa ser verdadeira. Esse é o único ponto de vista considerado intolerante e fanático na maioria das universidades (GEISLER, TUREK, 2006, p. 19)

Diante disso, é possível perceber, abertamente, o espírito do nosso tempo, o *zeitgeist*, termo utilizado pelos alemães para referir-se ao momento cultural, moral e intelectual de um período da história humana. O relativismo, a frouxidão moral, a intolerância religiosa, especialmente para com o Cristianismo e sua ética, dentre outros aspectos, estão altamente presentificados nas instituições universitárias de ensino.

A equipe de evangelização precisa estar atenta, atualizada e pode estabelecer trabalhos específicos para estudantes de Ensino Médio e universidades, por intermédio de eventos musicais, teatros em datas específicas, tais como Páscoa e Natal, participação em palestras e projetos sociais, dentre outros. Faixas, cartazes e folhetos com mensagens específicas podem ser meios rápidos de divulgação do Evangelho. Um bom trabalho musical, com músicos bem equipados, cantores bem preparados e letra adequada ao público, pode chamar à atenção dos estudantes para a mensagem cristã. A pregação deve ser contextualizada, com linguagem clara e objetiva. Sermões longos podem cansar e causar desinteresse nos estudantes. Deve ser evitado o uso de termos específicos, característicos da igreja, pois, pode ser que não os entendam. Por fim, a equipe de evangelização pode desenvolver uma pesquisa de campo, a fim de traçar um diagnóstico mais preciso sobre as formas mais apropriadas para evangelização em cada região, cidade, escola ou universidade, a fim de que o nome de Cristo seja anunciado.

2.3 Vida Adulta e Velhice

Geralmente, na vida adulta, as preocupações giram em torno do trabalho, em busca de realizações pessoais, profissionais e familiares. Construir a casa própria, adquirir carros, manter os filhos na escola, suprindo-lhes as necessidades, são prioridades que mantém a mente e o coração ocupados por longos anos.

É fato que as mudanças sociais trouxeram impacto para o *modus vivendi* dos adultos. É muito comum e, cada vez mais intenso, o número de pais e mães com jornada dupla, ou seja, que trabalham em empresas, instituições e em casa. Muitos retornaram aos estudos e frequentam faculdades, presenciais e a distância. Outros, já formados, voltaram aos bancos universitários para a realização de cursos de pós-graduação, mestrado e doutorado.

Um aspecto muito importante diz respeito à velhice. Está comprovado que a expectativa de vida do ser humano, em muitos lugares do mundo, inclusive no Brasil, vem aumentando e, com isso, evidentemente, fará com que uma parcela maior da população seja, cada vez mais, considerada idosa.

A velhice é um período da existência humana marcada por profundas experiências de vida, em diversos aspectos. A chegada da aposentadoria é um momento muito especial a ser alcançado, mas pode ser um fator de adoecimento, quando se perde o senso de utilidade e valor. Papalia, Olds e Feldman (2007) reiteram que,

> A aposentadoria não apenas altera a renda da família, mas também pode causar mudanças na divisão do trabalho doméstico, na qualidade conjugal e na distribuição de poder e de tomada de decisão. É possível que agora haja

> mais tempo para contato com a família extensa e com os amigos e para cuidar dos netos. [...] Durante os primeiros anos de aposentadoria, as pessoas podem ter uma necessidade especial de apoio emocional que as faça sentirem que ainda são valorizadas e enfrentarem as mudanças em sua vida (p.718).

Além do senso de valor e sentido para a vida, como demonstrado acima, há outros fatores que urgem ser considerados, como por exemplo, a saída dos filhos de casa, dando lugar à chegada dos netos. Os idosos avós costumam dizer que um neto traz nova vida para o lar e eles podem cuidar, ter experiências agradáveis, sem a preocupação com a educação dos mesmos, já que é responsabilidade dos pais fazê-la. Por outro lado, é alto o índice de avós que estão na responsabilidade de cuidar dos netos, a fim de que os pais trabalhem. Quando há separação e o neto fica com o filho ou a filha, sentem-se na responsabilidade de ajudar na criação. Por fim, há muitas preocupações com a qualidade de vida e saúde. Ida aos médicos, uso de medicações tendem a ser intensificadas na velhice e, não raramente, são feitas reflexões sobre a morte. Muitos vivem na solidão, abandonados pela família e, não raramente, tristes e deprimidos.

De fato, é um tempo marcado pela necessidade de maior atenção frente às fragilidades inerentes ao envelhecimento do corpo e da mente, ao passo que, muitos velhos sentem-se vigorosos e dispostos a continuar exercendo diversas atividades, inclusive no trabalho. As constantes mudanças tecnológicas, atreladas à maior lentidão de raciocínio e aprendizagem, naturalmente resultantes das consequências do tempo, exigem maior cuidado nos procedimentos.

Embora haja muito preconceito em relação ao idoso, é fato que ele pode, em muito, contribuir para a sociedade. Pode ajudar em aconselhamentos com sua experiência de vida, por exemplo. Se cristão, costuma ter maturidade e fé bem desenvolvidas.

A evangelização do idoso é uma necessidade primária da igreja. Embora não se tenha domínio e controle sobre a morte, a lei natural da vida é lógica e perfeita em seu funcionamento. Sendo assim, os evangelistas devem levar-lhes a mensagem de salvação eterna em Cristo. Para que isso aconteça, devem estar munidos de conhecimento bíblico, sobre as características da idade, bem como devem ser pacientes, gentis e amorosos no trato, além de boa capacidade de atenção e escuta. Disposição para ouvir é fundamental.

Vários trabalhos podem ser realizados em asilos e hospitais. Teatros, músicas adequadas e a exposição da Palavra de Deus poderão ser muito bem acolhidos e trazer-lhes paz e alegria. Encontros mensais ou bimestrais podem ser organizados. Pode-se adotar um idoso e cuidar dele, embora, seja necessário estar atento ao vínculo estabelecido. Jamais deve-se estabelecer um forte vínculo e rompê-lo, instantaneamente, sem prepará-lo para tal. Se for para agir assim, é melhor que não o faça. Datas comemorativas podem ser celebradas, sempre com enfoque na transmissão da mensagem cristã. Envolvê-los em algumas atividades podem fazer com que se sintam valiosos e úteis.

Enfim, há muito trabalho a ser feito e os evangelistas não devem cruzar os braços. O Reino de Deus precisa ser proclamado e estas vidas carecem da Vida de Cristo porque, somente, ela, verdadeiramente traz a salvação eterna.

Questão para reflexão

Em sua opinião, como a igreja pode preparar-se para evangelizar a geração jovem que está imersa nos conceitos e práticas apregoadas pela pós-modernidade? Ainda em tempo, tem ela se preparado para evangelizar os idosos? Justifique.

CAPÍTULO 3

Evangelizando a Cidade e o Campo

A cidade é o lugar de morada da maior parte da população mundial. Seja ela pequena ou grande, desenvolvida ou não, fato é que vidas estão lá, sedentas do Evangelho e do conhecimento da Pessoa de Deus. Outro desafio, desconsiderado por muitos, é o campo. Não é pequeno o número de pessoas que habitam na zona rural e que, raramente, recebem a presença dos pregadores da verdade cristã.

O Senhor Jesus ordenou que o Evangelho fosse pregado a toda criatura. Ele, também, instruiu os Seus discípulos para que saíssem às ruas, aos valados e vilas, e com isto queria dizer que, onde houvesse uma alma, lá deveria estar um evangelista proclamando a vida eterna.

Neste capítulo, serão abordados importantes assuntos que dizem respeito à necessidade de tornar Cristo conhecido e proclamado na cidade e no campo. Será desenvolvida, igualmente, uma reflexão sobre as urgências e demandas sociais que carecem da presença irrestrita da igreja, fazendo a diferença, atuando como luz do mundo e sal da terra.

3.1 A Cidade

Considera-se cidade um local onde exista concentração de pessoas, que se estabelecem em residências, em sua maioria, próximas umas às outras e que vão, na medida em que precisam ter suas necessidades supridas, criando estratégias e soluções para que consigam sobreviver. Por isso, nas cidades são construídos hospitais, escolas, igrejas, lojas, supermercados, indústrias, etc. Logo, são fenômenos que envolvem as relações sociais, culturais e econômicas. Estes, somados conferem desenvolvimento, com seus aspectos positivos e negativos.

Salienta-se, também, que cada cidade apresenta seu estilo de ser, de existir e de funcionar, com suas características e modos de vida próprios, tais como a gestão dos aspectos que abarcam toda a sua infraestrutura. Geralmente, uma cidade é integrada a outras várias que pertencem a um Estado e são regidas e regulamentadas por ele. O Estado, por sua vez, integra-se a outros Estados, formando, então, uma nação.

Muitos estudiosos afirmam que as cidades começaram a surgir quando o ser humano deixou de ser caçador, passando a envolver-se com a agricultura. A grande quantidade de comida produzida, fez com que se tornasse sedentário. Os primeiros núcleos urbanos desenvolveram-se na Mesopotâmia. Mais tarde, gregos e romanos ampliaram os conceitos de urbanização.

Costuma-se agregar alguns termos que caracterizam uma cidade. Por exemplo, uma cidade histórica, é geralmente reconhecida por ser antiga e ter exercido grande influência no desenvolvimento da sociedade. Geralmente, cidades históricas possuem museus e pontos considerados importantes para um determinado povo ou nação. Existem, ainda, as cidades turísticas, com muitos lugares para passeio, lazer e diversão. As cidades universitárias são marcadas pela presença e influência dos centros educacionais. Fala-se, ainda, em cidades digitais, amplamente marcadas pela tecnologia, que contribuem para o desenvolvimento econômico e social da cidade.

Tratando-se de estrutura populacional, existem as chamadas megalópoles, que são regiões com grandes concentrações humanas. Ocorre nelas, a chamada conurbação, que é o processo de unificação de uma ou mais cidades, por serem numerosas e bem desenvolvidas. No Brasil, destaca-se como megalópole a cidade de São Paulo, por exemplo.

As metrópoles são cidades com maior desenvolvimento, que têm competência para atender as demandas de outras cidades da região. Geralmente, são cidades que influenciam fortemente a cultura, a economia e o estilo de vida de um povo. São as conhecidas cidades-mãe. As metrópoles podem ser classificadas em globais, nacionais e regionais.

*** Globais –** cidades que influenciam o país e o mundo, especialmente no tocante às questões que envolvem a economia. Exemplos: São Paulo e Nova York.

*** Nacionais –** cidades que influenciam fortemente o país, no entanto, não rompem em direção aos países internacionais. Exemplos: Belo Horizonte e

Porto Alegre.

* **Regionais** – cidades que desenvolvem um considerável porte e influências econômicas, a ponto de agregar outras cidades e regiões para perto de si.

É notório o crescimento populacional, especialmente nas cidades, o que gera inúmeros problemas e desafios mas que, indubitavelmente, deve despertar a igreja para a necessidade de evangelização.

3.2 A Cidade e a Bíblia

A Bíblia Sagrada apresenta cidades muito antigas e importantes, à luz da História, tais como Ur dos Caldeus, Jericó, Nínive e Jerusalém. Deus mostrou Sua glória em muitas delas e usou Seus servos para grandes feitos. Várias foram edificadas, ao passo que, outras, totalmente destruídas.

No Novo Testamento, lê-se que Jesus percorria as cidades e atendia a necessidade de muitos aflitos. Os apóstolos, da mesma forma, percorriam as mais diversas regiões, pregando o Evangelho do Reino: "*E percorria Jesus todas as cidades e aldeias, ensinando nas sinagogas deles, e pregando o Evangelho do Reino, e curando todas as enfermidades e moléstias entre o povo*" (Mt 9. 35).

Lucas afirma que: "*Havendo passado esses acontecimentos, caminhava Jesus por todos os povoados e cidades proclamando as boas novas do Reino de Deus, e os doze estavam com ele. E também algumas mulheres que haviam sido curadas de espíritos malignos e doenças...*" (Lc 8. 1,2)

No tempo dos apóstolos, após a ascensão do Senhor, Jerusalém tornou-se uma referência e ponto de partida para a evangelização. A igreja primitiva pregava nas ruas (At 2), nas casas (At 5), nas escolas e prisões (At 16; 19), para as autoridades (At 4), além de realizar campanhas de evangelização e ações sociais (At 4; 5).

No entanto, o livro de Atos destaca a importância de Antioquia da Síria, uma cidade estratégica onde fora instalada uma espécie de base missionária para os apóstolos e pregadores do Evangelho. Muitas decisões importantes partiram de lá e foi em Antioquia que os discípulos foram chamados, pela primeira vez, de cristãos. De Antioquia, os Homens de Deus saíram para pregar Cristo, enquanto a igreja orava e coordenava as ações de evangelização (At 11; 11.26; 13).

3.3 Paulo e a Cidade

O apóstolo Paulo tem em seu currículo uma extensa lista de cidades por onde passou pregando o Evangelho do Reino de Deus. Todavia, chama à atenção sua estratégia de trabalho. Ele procurava estabelecer-se em cidades maiores, onde havia maior fluxo de pessoas, inclusive de outras cidades e regiões, pois, desta forma, poderia ganhá-las para Cristo. Certamente, estes convertidos voltariam para seus lares e anunciaram a experiência maravilhosa do encontro com Jesus.

Nas cidades, Paulo pregava em casas, nas sinagogas, em locais públicos, como or exemplo, no areópago, nas prisões, em alto mar, ou seja, onde houvesse uma alma necessitando de salvação. Nelas, também, escreveu profundas epístolas que serviram e servem de base e sustentação para a fé cristã. Sua especialidade era divulgar o nome de Cristo, tanto para multidões como por meio do evangelismo pessoal. Ele pregou para leigos e cultos, intelectuais e filósofos, como também, anunciou a salvação para gente simples do povo e para as autoridades mais importantes da época.

A vida e obra de Paulo inspiram os evangelistas a olhar para as cidades com intenso desejo de evangelização. É importante que estratégias sejam articuladas para que cada morador conheça o Cristo vivo, que morreu e ressuscitou para garanti-lhe vida eterna.

3.4 A Cidade e os Desafios Evangelísticos

A igreja do século XXI tem a grande responsabilidade de pregar o Evangelho nas cidades, muitas delas com grandiosos problemas. É necessário apresentar a vida eterna, mas salutar, também, olhar para os problemas e mazelas sociais, com o intuito de oferecer ajuda e suporte. Estender as mãos para socorrer os mais desprovidos de condições é viver a verdade que o Evangelho exige de cada cristão. A fé sem obras é morta, considera o apóstolo Tiago.

Abaixo, elencam-se os principais desafios sociais encontrados nas cidades:

1) Pobreza
2) Miséria
3) Fome
4) Superpopulação
5) Vícios
6) Violência
7) Frieza
8) Apatia Social
9) Desemprego
10) Vazio Existencial
11) Ausência de Sentido para a Vida
12) Depressão
13) Ansiedade
14) Falta de Saneamento Básico
15) Hospitais Precários
16) Escolas Sucateadas
17) Filhos Abandonados
18) Suicídio

Muitas outras coisas poderiam ser citadas, mas as que aqui foram, retratam o enorme desafio que a igreja de Cristo tem pela frente. É necessário estabelecer projetos evangelísticos que amenizem a dor e o sofrimento humanos. Jesus salvou a alma, mas nunca deixou de alimentar a multidão que tinha fome (Mt 14. 13-21).

3.5 A Evangelização na Zona Rural

Um aspecto da evangelização extremamente importante e, infelizmente esquecido por muitos, diz respeito à zona rural. Muitas e muitas pessoas vivem distantes da cidade, em casas retiradas, com pouco acesso à possibilidade de frequentarem eventos sociais e, inclusive, a igreja.

Há de se reconhecer que, nos últimos anos, houve um grande avanço em relação aos tempos passados. A tecnologia permitiu aos moradores da zona rural acessar às diversas facilidades, típicas da cidade como, por exemplo, o uso de computadores com internet, televisão à cabo, telefonia celular, dentre outros.

No entanto, a equipe de evangelização deve propor-se a ir aos lugares mais longínquos da cidade para pregarem o amor de Deus, alcançando muitas pessoas, especialmente, os mais idosos para Cristo. Há muitos casos de trabalhos evangelísticos que começaram nas casas e tornaram-se igrejas fortes, atraindo moradores da zona rural de toda aquela região. Não deve haver omissão e não há justificativa à negligência em relação à pregação na Zona rural, afinal, almas estão lá, sedentas por Cristo.

Uma orientação importante diz respeito à cautela que se deve ter em relação aos procedimentos evangelísticos. É bom atentar para os horários de culto, pois estas pessoas costumam dormir muito cedo, pois acordam ainda pela madrugada. É aconselhável que não se vá só, especialmente no caso de mulheres, devido aos perigos iminentes. O linguajar deve ser simples, adequado à realidade. Não se deve atacar a fé dos moradores, nem desrespeitar a cultura e o modo de vida, etc.

Se todos estes elementos forem observados, cidade e campo serão alcançados para o Reino de Deus. Há muito trabalho a ser feito e a urgência demanda mais e mais obreiros comprometidos com a Seara do Mestre. Assim como Cristo fez, deve Seu povo rogar ao Senhor da Seara, que envie mais e mais ceifeiros para a seara.

Questões para reflexão

Em sua opinião, quais são os maiores desafios para a evangelização urbana? Os evangelizadores têm se esforçado para levar o Evangelho à zona rural? Comente.

CAPÍTULO 4

Evangelizando Grupos Marginalizados

Os desafios do século XXI, no tocante à evangelização, são enormes. Há milhares de pessoas vivendo sob condições desumanas, à margem da sociedade, clamando por socorro e salvação. Falar sobre grupos marginalizados é falar sobre pessoas que estão perecendo, dia após dia, sem ter quem lhes ofereça amparo, abrigo, atenção, amor e acolhida. Muitos, dentre eles, crianças e adolescentes, são consumidos diariamente pela fome e pela miséria. Andam pelas ruas sem afeto de pai e mãe, debaixo do olhar acusador e preconceituoso da sociedade. Como consequência de tamanha dor e como meio de sobrevivência, inúmeros deles partem para o caminho da violência e da morte.

Neste capítulo, brevemente, serão apresentados alguns grupos marginalizados, com a intenção de despertar o estudante para que desenvolva um olhar social para esta realidade, de maneira que conscientize-se e, conscientize a outros, sobre a necessidade de levar o genuíno Evangelho, que transforma o Homem, o mais vil pecador, o rejeitado, o excluído pela família e sociedade, tirando-o do pó, elevando-o a uma vida digna na presença do Eterno.

4.1 Quem são os Grupos Marginalizados?

Grupos marginalizados são aqueles compostos por pessoas excluídas da sociedade em todas as suas dimensões, sejam elas, políticas, econômicas, culturais e sociais. Também podem estar ligados àqueles denominados de minorias sociais, que lutam pela igualdade de reconhecimento e direitos.

No Brasil, por exemplo, a exclusão social é muito forte e um dos principais temas que urgem ser tratados à luz da cidadania. Os grandes fatores de isolamento social estão ligados à economia, religião, cultura e sexualidade.

Os marginalizados, por diversas vezes, são pessoas que estão, literalmente, à margem social e vivem debaixo de extrema escassez de recursos. Desta forma não conseguem acessar e gozar dos direitos que são alcançados pela grande parte da sociedade, como o acesso à moradia, à educação, à alimentação, dentre vários outros.

Além desses fatores, alguns grupos costumam ser tratados com desigualdade e extremo preconceito, sendo inclusive taxados de vagabundos, escória social, indigentes, etc. O preconceito é um verdadeiro câncer social porque diminui o semelhante, reduzindo-o a nada. Pessoas preconceituosas costumam olhar de cima para baixo, considerando-se superiores às demais.

Vários são os fatores que contribuem para a formação da marginalidade, mas as questões econômicas, históricas e sociais, influenciam diretamente para que os que não têm acesso ao trabalho e à formação educacional acabem por ter que desenvolver outros mecanismos de enfrentamento da realidade.

É imprescindível que a evangelização alcance todos os seres humanos, afinal, todos precisam ouvir sobre Jesus Cristo. Ele é poderoso para resgatar o caído, levantar a autoestima do que se sente inútil e rejeitado. Olhar para essas pessoas, através do olhar do Senhor, desenvolverá o senso de compaixão e misericórdia para com elas, de maneira que haverá anseio no coração dos cristãos para que saiam a leva-los a Cristo.

4.2 Tipos de Marginalização

* **Social –** ocorre quando pessoas são rejeitadas e consideradas excluídas da sociedade. Há grande preconceito, que alavanca uma série de outros problemas sociais.

* **Cultural –** a exclusão cultural ocorre por um isolamento causado nos indivíduos, a ponto de aliená-los da realidade da cultura, com suas crenças, ideologias, costumes e tradições.

* **Política –** quando direitos e deveres comuns a todos são negados a uma pessoa ou a um grupo.

* **Econômica –** a falta de acesso aos recursos financeiros potencializa a pobreza e a miséria, tornando os seres humanos excluídos pela falta da capacidade

de obtenção de bens e recursos para a sobrevivência e desenvolvimento humano e social, como ocorre com os que estão abastecidos economicamente.

4.3 Grupos Excluídos ou Marginalizados

Abaixo, são apresentados alguns grupos, considerados excluídos ou marginalizados, a fim de que o evangelista fique atento à necessidade de levar-lhes o evangelho. A equipe de evangelização deve cercar-se de recursos humanos e de ações solidárias, além de vestir-se com as vestes da misericórdia e do amor, para que faça a diferença em nome de Cristo.

* **Pobres** – muitos não conseguem acessar os recursos mais básicos da sociedade e, devido a isso, vivem em extrema miséria, ocupando casas ou construindo barracos em lugares rejeitados e desprezados pela sociedade, tais como encostas de morros, debaixo de pontes, etc.

* **Idosos** – apesar de grandes movimentos de conscientização em relação aos cuidados para com os idosos, boa parte das pessoas os desprezam, tratando-os como inúteis ou inválidos.

* **Homossexuais** – vítimas de preconceito pelo estilo de vida adotado, muitos são desprezados, sofrem agressões e até perdem a vida.

* **Índios** - uma parcela da sociedade, por desconhecimento da riqueza cultural indígena, insiste em tratá-los como se fossem inferiores aos demais seres humanos.

* **Desempregados** – o desemprego causa um impacto econômico e social drástico na vida do Homem. Especialmente aqueles que não conseguiram qualificar-se, podem encontrar maiores dificuldades para a entrada e permanência no mercado de trabalho, necessitando de atenção e cuidados.

* **Drogaditos** – um dos grandes problemas de ordem social e pública está relacionado à drogadição. Cada vez mais, adolescentes, jovens e adultos entregam-se ao uso de substâncias que causam dependência, caos social e familiar, desestruturação psíquica e, tristemente, a morte.

* **Viciados em geral** – qualquer vício, de qualquer natureza, deixa o ser humano jogado na lama da existência. É preciso acolher e implementar programas de auxílio à libertação de todos esses males.

* **Deficientes Físicos** – apesar de um avanço significativo em relação aos deficientes físicos, ocorrido por meio da inserção de leis de inclusão social, é fato que muito ainda precisa ser feito, especialmente, no tocante à conscientização das pessoas para que aceitem e acolhem o deficiente sem olhar com reservas e preconceito.

4.4 A Evangelização e os Grupos Marginalizados

A premissa básica da evangelização é que Cristo morreu por todos. Ele veio para resgatar todos os homens. A temática abordada neste capítulo é por demais desafiadora, porque esbarra em crenças e preconceitos humanos que, inclusive, pairam sobre a mente, o coração e refletem diretamente nas ações de muitos cristãos.

Mais do que nunca, é necessário estabelecer uma equipe forte e preparada, que tenha condições e recursos de alcançar essas pessoas que carecem e muito da atenção humana, sobretudo, quando esta acolhida vem repleta do amor de Deus.

É urgente que a igreja abra os olhos e se desperte para trabalhar com essas pessoas, por meio de ações sociais bem programadas, onde Cristo seja apresentado como a solução para os dilemas da alma humana.

Ainda que uma equipe de evangelização tenha poucas condições frente ao enorme desafio, é necessário que ela seja estimulada a realizar o que está ao seu alcance. O que não pode acontecer, é ficar de braços cruzados, com os olhos correndo frente às notícias, que relatam tristeza, morte e dor.

Que Deus, através do Seu Espírito, comova a igreja, confrontando-a e despertando-a para agir, afinal, somente ela é sal da terra e luz do mundo. Isto quer dizer que, aonde chega, traz luz às mais densas trevas, dissipando toda a escuridão trazida por Satanás e seus demônios. Como sal, o corpo de Cristo dá sabor e conserva o que ainda há de melhor neste mundo, mesmo em meio a tamanha podridão.

Questão para reflexão

Discuta com seus colegas cinco estratégias que podem ser desenvolvidas a fim de que os grupos excluídos ou marginalizados sejam alcançados para Cristo.

CAPÍTULO 5

Da Colheita ao Discipulado

Imagine uma criança recém-nascida. Ela consegue andar com as próprias pernas? Tem condições de preparar a própria comida e, ainda mais, comer com as próprias mãos? Está apta a tomar decisões sérias, que podem comprometer sua própria vida, sozinha? Todas estas perguntas sugerirão apenas uma resposta: Não!

Tal analogia deve promover uma reflexão séria e pontual sobre os novos convertidos, os bebês espirituais. Poderão, efetivamente, ter um desenvolvimento sólido e saudável sem que haja um acompanhamento nos primeiros tempos de vida cristã?

Por outro lado, quanta alegria há no coração do evangelista que ganha vidas para Cristo. É, de fato, uma das mais maravilhosas sensações que invadem o interior do servo de Deus. Saber que a eternidade em Cristo passará a habitar o ser daquele que jazia em trevas, traz regozijo à alma e inspiração para a caminhada árdua do evangelismo.

No entanto, há um fator que precisa ser considerado com muita seriedade e, infelizmente, muitos não o têm observado na proporção em que deveriam fazê-lo: trata-se do discipulado. É de suma importância que os pregadores do Evangelho ocupem-se em acompanhar os novos crentes ou tenham uma equipe especializada para tal tarefa, haja vista que é necessário lançar os fundamentos da fé nos corações recém-conversos, para que Satanás não venha com seus ardis e o desanimem.

Neste capítulo, destacar-se-ão os aspectos importantes que estão ligados ao discipulado, bem como serão apresentadas importantes orientações para sua eficácia e, por fim, serão trazidos alguns dos temas essenciais que devem ser abordados no processo de formação cristã de uma nova vida.

5.1 O Que é Discipulado?

Etimologicamente, a palavra discipular é oriunda do latim *discipulare*. Segundo o dicionário, o termo é "referente a discípulo, a cada um dos apóstolos de Jesus". Outra definição pontua que está "relacionado com aluno, com quem aprende ou recebe a instrução formal de outra pessoa: ensino discipular".

O discipulado, portanto, é o ato de fazer discípulos, por intermédio do ensino e capacitação de outros acerca de Cristo e de Sua Palavra, a fim de que o sigam em obediência e disciplina. A própria expressão "discípulo" relaciona-se ao sentido de disciplina. Boyer (1997), afirma que discípulo é "o que recebe disciplina ou instrução; que segue os conselhos, ou imita os exemplos de outrem" (p. 203).

Jesus ordenou aos Seus discípulos que saíssem a pregar o Evangelho a toda criatura, gerando novos discípulos para o Reino de Deus: "*Ide, fazei discípulos de todas as nações, batizando-os em nome do Pai, do Filho, e do Espírito Santo. Ensinando-as a guardar todas as coisas que eu vos tenho mandado; e eis que eu estou convosco, todos os dias, até a consumação dos séculos. Amém*" (Mt 28. 19,20).

É interessante observar o significado do termo discípulo. Acerca dele, comenta Champlim (2015) que:

> A palavra portuguesa discípulo vem do latim discípulos, que significa "aluno", "aprendiz". A raiz verbal é discere, "ensinar". A palavra grega correspondente é mathetés, de onde também se deriva a palavra que significa "aprender". O termo hebraico talmid vem de talmad, "aprender", conforme se vê em I Crônicas 25.8, ao referir-se aos alunos da escola de música em Jerusalém. Naturalmente, a aprendizagem necessariamente subentende a prática daquilo que alguém aprende; e é então que temos o discipulado. [...] No Novo Testamento, a palavra "discípulo" é usada somente nos evangelhos e no livro de Atos, mas ali ocorre por mais de duzentos e cinquenta vezes (p. 180, 181).

Portanto, é tarefa da equipe de evangelização e da igreja, não apenas apresentar o Evangelho ao pecador, conduzindo-o a Cristo, mas, essencialmente, ensiná-lo, agora convertido, a trilhar nos caminhos da fé em Jesus, tornando-se, verdadeiramente, um discípulo.

Desta forma, sem a consciência de que o trabalho não será findado após a conversão, antes, deverá ter uma sequência de aprendizagem, por meio do discipulado, os resultados poderão ficar comprometidos. Não é rara a quantidade de pessoas que foram à igreja, decidiram seguir a Cristo, no entanto, sentindo-se desamparadas e sem suporte, perderam-se. Há inúmeros relatos, também, de pessoas que receberam todo o suporte para a caminhada de fé e, nos dias atuais, são discípulos valorosos na Obra do Mestre.

É importante considerar sempre que aceitar a salvação em Cristo é estabelecer uma verdadeira e grandiosa guerra contra o reino das trevas. O diabo, ardilosamente, atuará para minar a fé do novo crente, desanimando-o da caminhada cristã. Além disso, o abandono da velha vida e das práticas pecaminosas do velho homem, com seus vícios e paixões, é um grande desafio para o novo crente. Outro fator a ser considerado é que, muitos veem para Cristo sem a família e, devido a isso, enfrentam humilhações, zombarias, a discriminação e o preconceito. Há quem seja, até mesmo, considerado como um "deserdado", expulso de casa ou das reuniões familiares, passando a ser visto com desprezo, dentre várias outras situações.

Portanto, se não houver um suporte dos irmãos em Cristo, poderão ter a semente arrebatada dos seus corações. A parábola do semeador, registrada em Mateus 13, ilustra bem os tipos de semente, bem como os tipos de solo onde são depositadas. O próprio Senhor Jesus deu a explicação sobre os motivos que geram ou não a frutificação, cabendo aos evangelistas estar bem atentos às recomendações traçadas pelo Mestre.

A urgência do discipulado deve estar na mente e no coração dos evangelistas. Deve haver a preocupação com a instrução, com o ensinamento sério e comprometido com as bases que sustentam a fé cristã. Caso isso não ocorra, duas situações poderão ser constatadas: primeira, o esfriamento da decisão tomada ou, segunda, pessoas permanecerão desinformadas, trazendo costumes, crenças religiosas, crendices, dentre outros elementos que serão adicionados às suas práticas cristãs. Por mais que possa parecer exagero afirmar tais coisas, as evidências têm demonstrado que é justamente o que ocorre com muitos convertidos, em muitos lugares e igrejas.

5.2 Estratégias de Discipulado

Há várias formas de desenvolver o trabalho de educação para a formação de novos discípulos. Ele pode ocorrer formalmente, informalmente ou pessoalmente. O discipulado formal ocorre nos cultos, por meio da interação com outros irmãos, na escuta dos louvores e da ministração da Palavra, em cultos de domingo, semanais, como o de ensino, por exemplo. O discipulado informal se dá, especialmente, por meio da formação de pequenos grupos, onde trabalhos e formas específicas de desenvolvimento da fé cristã podem ser estabelecidos. Por serem formados por grupos menores, seus integrantes acabam por conhecer melhor uns aos outros e, o coordenador ou líder, pode atuar em áreas específicas que carecem maior atenção. Por fim, o discipulado pessoal se dá quando um membro da igreja se aproxima do novo convertido para adotá-lo com o intuito de ajudar em seu crescimento e fortalecimento espiritual.

É extremamente necessário que se compreenda que todo discipulado deve estimular o novo crente ao conhecimento intimo de Deus. Isto quer dizer que o recém-convertido precisa desenvolver a visão de um Deus que deseja relacionar-se em intimidade com Seus filhos. Para que isso aconteça, são necessárias a oração e a leitura da Palavra de Deus. Estas duas recomendações devem ser transmitidas e orientadas quanto aos procedimentos, logo após à conversão.

Diante disso, algumas sugestões podem ser úteis na formação e desenvolvimento dos novos discípulos de Cristo:

1. Classes Específicas: a igreja e a equipe de evangelização podem organizar classes específicas para esse grupo, com o intuito de abordar temas de base e sustentação da fé cristã. Essas classes podem ser formadas durante a semana ou nos fins dela, inclusive, por intermédio da Escola Bíblica Dominical. É necessário ter à frente dessas classes, pessoas preparadas para orientar os novos crentes na fé, sendo que este preparo deve ser integral, ou seja, preparo bíblico, vida de oração e consagração, testemunho cristão, dentre outros. Novos convertidos costumam estar com a chama acesa em seus corações e se apegam a modelos cristãos que consideram dignos de ser imitados. Logo, uma pessoa que ensina e prega o que não vive, despreparada biblicamente, dentre outros, servirá de pedra de escândalo e desânimo para os irmãos.

2. Materiais Específicos: Também é importante que sejam usados materiais específicos para o discipulado. Revistas com conteúdos próprios, linguagem clara e de fácil compreensão, ajudarão os novos crentes a melhor compreenderem os conceitos que fundamentam a fé.

3. Professores Preparados: É importante que o ministrante tenha boa didática, para que transmita o conteúdo aos poucos, de forma gradativa e ascendente, sem confundir os irmãos. Não deve querer ensinar toda a complexidade de um assunto em um dia só. Precisa ser paciente para ouvir as dúvidas e saná-las com sabedoria, bom senso, nunca julgando o aluno, haja vista que está ali para aprender. Se for desrespeitoso, poderá inibir a participar dele e de outras pessoas. O professor tem um papel preponderante que é o de despertar a sede e o interesse em buscar mais das verdades contidas na Palavra de Deus.

4. Atividades Específicas e Participações Especiais: o novo discípulo ou o grupo de novos discípulos poderão participar de atividades diferenciadas que estimulem o desenvolvimento da fé, como por exemplo, assistir filmes cristãos, realizar passeios e retiros onde possam ter contato com as coisas pertinentes ao Evangelho, etc. Da mesma forma, podem ser estimulados a organizar apresentações teatrais, musicais, ou outras habilidades que os integrem ao Corpo de Cristo. O senso de pertença é fundamental para o ser humano e, cabe à igreja, promover essa interação para com aqueles que estão chegando ao rebanho.

Como se pode observar, há muito trabalho a ser feito. Muitas estratégias podem ser desenvolvidas, para além das que aqui foram expostas. No entanto, precisa ficar claro que o discipulado não deve ser colocado em segundo plano e, sobretudo, deve ser conduzido por pessoas que vivem a vida cristã verdadeiramente, por intermédio da oração, da consagração e do conhecimento das Escrituras, além de serem conhecidas pelo bom testemunho e postura ética exemplar.

Por fim, deve o amor ser o distintivo de todos os cristãos, especialmente, dos que se propõem a cuidar das novas almas. Assim como os bebês, novos convertidos precisam ser cuidados de forma toda especial, com alimento próprio, zelo redobrado e, acima de tudo, demonstrações efetivas de amor cristão, acolhendo-os em suas necessidades, trazendo bálsamo para as suas feridas.

Quão glorioso é trilhar as sendas fé com pessoas que foram alcançadas para Cristo, sendo nós os instrumentos usados pelo Senhor, e vê-los crescer, alimentando-se do leite para a comida sólida, aludindo ao que afirmaram os apóstolos Paulo e Pedro (I Co 3.2; I Pe 2.2). Mais glorioso ainda, é vê-los maduros na fé, gerando outros discípulos para o Reino de Deus. Somente a eternidade revelará os efeitos e frutos produzidos por intermédio de uma semente semeada por intermédio da dedicação, zelo e amor de um evangelista. Indubitavelmente, valerá muito a pena!

5.3 Temas para o Discipulado

Além de todo o trabalho a ser feito, conforme fora apresentado, é necessário cuidar e atentar para as tratativas dos temas que embasam a fé cristã. Não será permitido discorrer sobre cada assunto nesta obra, todavia, abaixo, foram elencadas as principais temáticas que deverão ser amplamente tratadas com os novos crentes.

* Deus: Pai, Filho e Espírito Santo
* Criação
* Homem
* Pecado

* Jesus Cristo: Sua Vida, Obra e Sacrifício
* Arrependimento
* Conversão
* Perdão
* Redenção
* Justificação
* Regeneração
* Fé
* Espírito Santo: Amigo e Divino Companheiro
* Vida Cristã
* Oração
* Bíblia Sagrada
* Batismo
* Igreja
* Comunhão com os Irmãos
* Família
* Testemunho
* Dentre outros

É possível perceber que há muitos temas a serem discutidos e o novo convertido precisa apropriar-se deste conhecimento para que sua fé não seja edificada sobre pilares frágeis, construídos com areia, antes, sejam alicerçados na Rocha, que é o próprio Cristo. Para que isto se concretize, somente por intermédio de um trabalho comprometido e sério com o discipulado é que tais alicerces serão muito bem fundamentados.

Questão para reflexão

Por que é tão importante considerar com muita seriedade a importância do discipulado? Analise a eficácia dele e justifique a resposta.

CONCLUSÃO

Chegar ao fim da disciplina *Evangelismo* deve despertar no estudante o intenso desejo de agradar o Seu Senhor, ganhando almas para o Seu Reino. O ide de Cristo precisa queimar como uma chama viva no coração dos amantes da salvação e dos que têm a convicção de vida eterna.

É preciso encarar com muita seriedade a afirmação do apóstolo João quando disse que *"o mundo jaz no maligno"*. Sim, o mundo está submerso em densas trevas, escuridão e cegueira espiritual. Pessoas estão desesperadas, tateando em meio às crises e profundas angústias existenciais. As feridas no corpo, na alma e no espírito deixam-nas em meio ao desespero, a ponto de buscarem saída em diversos caminhos que as levam ao vazio, à decepção, cujo fim deles, é a morte.

A igreja de Cristo não pode estar apática diante da realidade deprimente em que a humanidade se encontra. Ela precisa ser a voz da verdade. Ela precisa ser sal e luz. Ela precisa ser o hospital dos enfermos, o pão dos famintos, a força do cansado e a paz do oprimido. Seu maior papel deve ser o de apregoar, em alto e bom som que somente em Deus há descanso e paz; somente em Cristo há vida eterna e que, somente através do Espirito Santo, será possível trilhar as sendas desta existência, na certeza de que o céu haverá de chegar.

A volta de Cristo é iminente. Ele subiu, mas, antes de ascender ao céu, prometeu que voltaria para buscar o Seu povo. Enquanto este momento não chega, é extremamente necessário pregar nas ruas, nas praças, nos presídios, nas escolas, nos hospitais e em todos os lugares. Uma palavra pode mudar o destino de uma pessoa. Não se trata de um destino qualquer! Trata-se de um destino eterno!

A alma humana tem sede de Deus porque o Homem nasceu de Suas poderosas mãos, para relacionar-se intimamente com Ele e desfrutar de Sua glória. Como afirmou o teólogo Agostinho, no século IV d.C.: "Fizeste-nos, Senhor, para ti, e o nosso coração anda inquieto enquanto não descansar em ti".

Chegando ao fim desta disciplina, deseja-se que cada estudante seja um proclamador do Evangelho. Somente a eternidade poderá revelar os frutos provenientes de uma mensagem pregada, um folheto entregue, uma música cristã entoada ou uma oração realizada. A Deus toda a Glória!

EXERCÍCIOS

UNIDADE I – FUNDAMENTOS BÍBLICOS DA EVANGELIZAÇÃO

Capítulo 1

Assinale as alternativas abaixo com (V) para verdadeiro ou (F) para falso.

( ) A evangelização é uma das tarefas supremas da Igreja.

( ) O sentido e propósito do Corpo de Cristo na Terra não é torná-lo conhecido entre os povos e nações.

( ) A graça, o amor e a misericórdia do Senhor estão dispensados ao Ser Humano e, o povo adquirido por Ele é o grande responsável por transmitir as verdades eternas, que resgatam o Homem das trevas e o transportam à maravilhosa luz, a luz de Jesus.

( ) Evangelização, do grego (*evaggelizo*) é ato de evangelizar, tornar conhecida uma boa notícia. Assim, remete-se ao Evangelho (*evangelion*) que, no grego, significa "boas novas". Com isso, entende-se que, evangelizar é anunciar, proclamar a boa notícia de Cristo ao Homem.

( ) O evangelismo não trata da dinâmica, das ações e intenções, planejamentos e estratégias que favorecerão a pregação da maior mensagem de todos os tempos, a da salvação eterna obtida por intermédio de Cristo Jesus (Lc 2.10).

2. Assinale a(s) alternativa(s) correta(s).

( ) Através de um olhar cuidadoso sobre o Antigo e Novo Testamentos, constatar-se-á que o termo evangelização sempre esteve ligado à ideia de proclamação e anúncio das verdades divinas.

( ) Desde o chamado de Abrão, Deus estabelecera um pacto em que o plano de redenção e a mensagem de salvação foram proferidos. Seu amor foi derramado sobre a humanidade caída e Ele mesmo arquitetou, lançou os fundamentos e executou um maravilhoso projeto de resgate, através de Seu Filho Jesus Cristo (Jo 3.16; I Jo 3.1).

( ) Observando o Antigo Testamento, pode-se ter um claro exemplo da transmissão da verdade de Deus, através dos sacerdotes. Estes porta-vozes divinos colocavam-se à disposição do Senhor para anunciar Sua Palavra, especialmente em tempos de calamidade, pecado e dor. Expressavam, com veemência, a necessidade de arrependimento, anunciavam o juízo, sempre demonstrando a graça e o amor de Deus para com os Homens (Is 6; 53; Os 11. 1-4; 14.1-5; Jn 3. 1-10; Mq 6. 6-8; 7.18-20).

Capítulo 2

Jesus Cristo – A Grande Boa Nova

Assinale com (V) para verdadeiro ou (F) para falso.

( ) Todos aqueles que se dedicam ao trabalho de evangelização devem ter consciência e conhecimento das doutrinas bíblicas. Elas são o fundamento, o alicerce e a estrutura da mensagem de salvação.

( ) Dentre as várias doutrinas, é essencial que se anuncie a verdade da divindade de Cristo. Ele é Deus e esta máxima bíblica precisa estar na mente, no coração e nos lábios do pregador do Evangelho para que consiga anunciar com intrepidez e ousadia as verdades eternas (At 4.31).

( ) São poucos os que desconhecem a magnitude da grandeza de Jesus Cristo e, por isso, não O reconhecem como Deus. Há seitas que O diminuem, dizendo ser Ele inferior a Deus ou que fora criado por Deus em algum momento. Há os que defendem que Ele foi apenas um homem sábio que passou por esta Terra, dentre outros pensamentos distorcidos e equivocados.

( ) Evangelizar é tornar conhecida a divindade de Jesus Cristo. Ele é o Verbo que se fez carne e habitou entre nós (Jo 1.14). O Jesus Deus é amplamente percebido ao longo da Bíblia Sagrada.

Capítulo 3

O Poder do Espírito Santo - A Capacitação para Testemunhar

Complete, de acordo com o texto.

a) A Igreja foi edificada por __________. Ele é O ______________, O ____________, O _____________e O _____________dela (Mt 16.18; I Co 3.11; Ef 2.20; 5.23). Foi Cristo quem disse a Pedro que edificaria a Sua igreja e as portas do inferno não poderiam barrá-la, já que não prevaleceriam contra ela (Mt 16.18). Oriunda do termo grego "*Ekklesia*", a igreja é a ________________ ________________________ a fim de impactar o mundo com a mensagem de vida e esperança, a palavra da salvação (At 11.22; Rm 16.5; Ef 5.32).

b) A ___________________ dos nossos dias não pode perder de vista a _________________________. Não haverá _______________________ bem sucedida sem o Seu poder e a Sua capacitação. É Ele quem dá as ________________ e mostra o caminho a seguir. Os cristãos _______________________, em todo o tempo, porque os dias são maus e as ciladas do maligno são postas constantemente, não apenas para ____________________________, mas, sobretudo, para ceifar vidas, levando-as para o inferno (Ef 6).

Capítulo 4

A Igreja Primitiva e a Obra de Evangelização

Assinale apenas a resposta certa.

( ) A igreja de Cristo é um organismo vivo e, como tal, desenvolve-se e cresce. Tem sido assim ao longo dos séculos, desde o seu nascimento. Através da História, inúmeros desafios foram enfrentados, heresias, perseguições, mortes e tentativas foram feitas para que sua voz se calasse, mas, fato é que, ninguém conseguiu deter o grandioso projeto de Deus para o alcance dos perdidos.

( ) Os açoites, as perseguições e mortes não foram combustíveis que moveram o povo destemido ao crescimento.

( ) Após o derramamento da virtude do alto e da pregação petrina, quase sete mil almas renderam-se a Cristo e foram batizadas (At 2. 41). Sem dúvida, um grande contingente experimentou a alegria da salvação e, a partir dali, a obra de evangelização expandiu-se, sendo levada a muitos lugares.

Capítulo 5

Dos Apóstolos à Tarefa Inacabada

Assinale com (V) para verdadeiro e (F) para falso.

( ) Uma grande perseguição levantou-se contra a igreja de Cristo em Jerusalém, resultando em dispersão para as terras da Judeia e Samaria (8.1). Estevão foi sepultado por alguns homens piedosos (v.2) e, enquanto isso, Saulo assolava a igreja e prendia os crentes em Jesus (v.3).

( ) Saulo nasceu por volta do sete ano da era cristã em Tarso, capital da Galácia. Tarso fora considerada uma cidade importante e respeitada naquele tempo, com vários prédios públicos e palácios, honrada por autoridades imperiais.

( ) Os pais de Saulo pertenciam à tribo de Benjamim e seu nome pode ter sido escolhido em alusão a Saul, o primeiro rei de Israel. Paulo era seu nome latino. Sendo filho de fariseu, desde muito cedo aprendeu a considerar os escritos de Moisés com muita seriedade.

(   ) A sinagoga era o local frequentado por Saulo desde a sua meninice. Aos dezoito anos, pôde integrar sua ala masculina, tornando-se responsável por suas ações. Ele passara pela experiência do *bar mitzvah.*

UNIDADE II – O ALVO DA EVANGELIZAÇÃO: O HOMEM

Capítulo 1

O Homem: Quem é Ele?

Complete, de acordo com o texto.

O ____________________ é um ser ____________________e é o ____________________. A mensagem evangelística tem com objetivo alcançá-lo, para que conheça e luz de Cristo, O reconheça como ___________________________ e viva em novidade de vida (Rm 6.4; II Co 5.17). A proposta bíblica de salvação inclui o __________________________, abrangendo sua materialidade, ou seja, o seu corpo, quanto sua imaterialidade, isto é, sua alma, com suas emoções e vontades e, por fim, seu espírito. Neste capítulo, trabalharemos mais detalhadamente a estrutura do Homem a fim de que compreendamos o ser humano em sua integralidade.

Capítulo 2

O Homem e Suas Inquietudes

Coloque (V) para verdadeiro e (F) para falso.

( ) O Homem não é um ser pensante e, como tal, não anseia por respostas aos seus questionamentos, suas dúvidas sobre a vida e sobre a morte, além das questões que envolvem suas necessidades físicas, emocionais e espirituais, desde as mais simples às mais complexas e angustiantes.

( ) Na caminhada da evangelização não é incomum deparar-se com pessoas dos mais variados tipos, com os mais diversos dilemas. São dúvidas, incredulidade, desapontamentos, desconfiança em relação ao corpo de Cristo, descrença nos pastores e líderes, dentre tantos outros aspectos.

( ) Há os que confrontam os pregadores do Evangelho, por terem pensamentos errôneos acerca da Pessoa de Deus, da fé, da salvação em Cristo, e insistem em argumentar e provar suas pseudoteorias, desprovidas de fundamentação, rasas em teologia, mas que refletem o quanto estão carentes do encontro com a genuína verdade.

(   ) Deve-se ignorar que, geralmente, por detrás de um ser humano revoltado contra tudo e todos, há um coração ferido, precisando de cuidados e de amor. Para estes, a escuta e a atenção podem ser a porta de entrada para a transformação que Cristo deseja realizar.

Capítulo 3

O Homem e as Enfermidades da Alma

Assinale a alternativa incorreta.

a) A ansiedade é considerada um dos males do século, junto à depressão, que será abordada em seguida. Convém esclarecer que a ansiedade não é de todo ruim porque é ela quem move o indivíduo para as ações da vida. Por meio dela, a pessoa se levanta da cama, vai ao trabalho, estuda, realiza suas atividades e se relaciona.

b) É evidente que, como o ser humano não é único e integrado, questões espirituais não podem interferir na qualidade da vida psíquica, mas deve-se compreender sempre que a depressão é, antes mais nada, uma doença que deve ser encarada com pouca seriedade pelos filhos de Deus.

c) As origens da depressão são multicausais e podem estar ligadas, principalmente, a questões orgânicas (genéticas e hereditárias) e psicológicas.

d) Além das causas orgânicas (genéticas e hereditárias), a depressão tem um de seus braços sustentados na história de vida do indivíduo. As situações experimentadas, os traumas, as perdas e decepções podem contribuir para o processo da depressão.

Capítulo 4

O Homem e a Pós-Modernidade

Complete, de acordo com o texto.

a) O _______________ embasa o relativismo e, com ele, anda de mãos e braços dados. Para o pluralismo, _______________, sua validade. Cita-se, a título de exemplo, o pluralismo __________. Na visão pós-moderna, todas as ___________ são boas porque são ______________que apresentam o ____________.

b) O ___________________ é uma característica marcante da _________________. Proveniente do termo grego *hedoné*, assinala que o _________________e a __________________de viver devem ser o fim último a ser alcançado. Não importam as consequências dos comportamentos e das ações; ainda que sejam dolorosas e terríveis, se resultarem em prazer deverão ser vividas.

c) O _______________ é a marca da geração pós-moderna e os *shoppings centers*, suas________________. O ____________________, compulsivamente, e, na maioria das vezes, _______________________, é encarado como se fosse uma real necessidade que precisa ser suprida. Fato é que, no consumismo, há falsa sensação de prazer e status social.

UNIDADE III – A EXCELÊNCIA NA COMUNICAÇÃO DA MENSAGEM EVANGELÍSTICA

Capítulo 1

A Comunicação e o Evangelho

Assinale com (V) para verdadeiro e (F) para falso.

(   ) A comunicação está presente o tempo todo na vida humana e acontece sob os mais variados níveis, desde as formas de interação com o recém-nascido, até aos discursos mais complexos. Outro aspecto importante a ser considerado é que a palavra falada ou a oralidade é apenas uma das maneiras de comunicar. Existem outras linguagens, como por exemplo, a escrita, a visual e a gestual.

(   ) Pesquisas sobre o assunto demonstram que quando uma pessoa se apresenta diante de um grupo, 55% do impacto causado no público é decorrente da linguagem gestual, 38% pela tonalidade de voz e, apenas 7%, pelas palavras proferidas.

(   ) Outro aspecto benéfico para a comunicação são os ruídos fisiológicos. Geralmente, as pessoas não apresentam dificuldade para compreender ou interpretar uma mensagem quando estão sentindo algum tipo de dor.

(   ) Os ruídos psicológicos são decorrentes da divagação da mente do receptor e da dificuldade de concentração para compreender o que está sendo dito pelo emissor, pois o foco de atenção do indivíduo está posto em outras pessoas, coisas ou, até mesmo, nos pensamentos.

Capítulo 2

O Perfil do Evangelizador

Complete, de acordo com o texto.

a) Todo ______________________ precisa ir ______________ muito bem preparado para vencer _______________. Esse preparo exige muita _____________, _______________, _______________, ____________________, além de uma série de outros requisitos que precisam ser preenchidos.

b) O _____________, antes de tudo, precisa ter passado pela _________________de ___________________. A ______________ é o ato de ________________, entregando-lhe a vida, totalmente e sem reservas, bem como os _______________________. É justificado, regenerado e santificado (Rm 6. 23). Com isso, passa a ser reconhecido como filho de Deus (Jo 1. 12,13; Rm 8.14, 15, 16; Gl 3. 26,27; 4. 4,5; I Jo 3.1, 10).

Capítulo 3

A Equipe de Evangelização

Assinale com (V) para verdadeiro e (F) para falso.

( ) A proatividade tem demonstrado que cada um é responsável por suas escolhas e pela maneira como administra sua própria existência. Ela diz ao ser humano que a forma como ele reage às situações e as interpreta determinará uma série de consequências ao seu redor.

( ) Aos poucos, uma equipe bem integrada vai se moldando e criando sua própria personalidade, com seu jeito próprio de funcionar, de ser e de reagir diante das situações. Seus membros vão se conhecendo, se identificando uns com os outros e, desta forma, devem desenvolver formas sadias de comunicação, sem ou com o mínimo de ruídos que venham interferir na qualidade do processo.

( ) Jesus Cristo escolheu doze homens, todos parecidos, com personalidades semelhantes e temperamentos fáceis de domar, no entanto, na medida em que os lapidava, fazia deles uma equipe comprometida em levar Sua mensagem de salvação e esperança (Mc 3. 16-19).

( ) Uma equipe de evangelização é constituída, inicialmente, por funcionários que entendem que devem receber pagamento antes de anunciar as boas novas de salvação. Geralmente, a igreja contrata seus membros para fazer parte do trabalho evangelístico.

Capítulo 4

A Pregação Evangelística

Complete, de acordo com o texto.

O ______________________ afirmou na carta aos romanos que *"a ______________________e ouvir a palavra de Deus"* (Rm 10.17). No ______________________ é essencial que a mensagem da cruz seja ____________________, porque o *"______________________para a salvação de todo aquele que crê"* (Rm 1.16). Toda ______________________ precisa ter a ______________________como centro de sua tarefa, caso contrário, ____________________ os efeitos esperados. Pode-se fazer uso dos mais variados ______________________, mas todos devem __________________ para que a __________________ seja proclamada.

Capítulo 5

Estratégias e Planejamentos à Evangelização

Assinale apenas a alternativa incorreta.

a) A evangelização do mundo á a prioridade da igreja e há muitas formas de desenvolvê-la.

b) Desde o contato individual às mais complexas formas de alcance coletivo, urge tornar o nome de Jesus Cristo conhecido de todos.

c) Cada minuto que passa é um tempo precioso à salvação, mas, que na contrapartida, muitos partem desta vida sem terem experimentado a salvação em Cristo.

d) Assim como qualquer outro projeto, a evangelização não conta com muitas frentes de atuação, e não requer planejamento e estratégias de trabalho.

UNIDADE IV – PRÁXIS EVANGELÍSTICA: DA SEMEADURA À ABUNDANTE COLHEITA

Capítulo 1

Evangelizando Crianças e Adolescentes

Complete, de acordo com o texto.

a) Evangelizar ____________________ é um privilégio duplo. Primeiro, porque é uma __________________________ vê-las reconhecendo a Cristo como Salvador e Senhor. Segundo, porque __________________________ e poderão ser grandes ______________________ para o Reino de Deus.

b) A criança, por si, é uma ________________________. Por onde passa, não sente dificuldade para ____________________, antes, prega a ______________________para seus pais, irmãos, parentes, vizinhos, na escola, ou seja, ela não se envergonha de anunciar as verdades eternas. Há inúmeros ___________________ que se converteram a partir dos _____________ das crianças. Ao chegarem da igreja, recontavam as histórias bíblicas e demonstravam como Deus agira na vida dos seus personagens.

Capítulo 2

Evangelizando Jovens e Adultos

Assinale a(s) alternativa(s) correta(s).

( ) K. Warner Schaeie (1977-1978), um estudioso do desenvolvimento humano, propôs o desenvolvimento cognitivo em sete estágios, acentuando que dos vinte aos trinta anos, os jovens adultos utilizam o conhecimento que têm, a fim de que alcancem seus objetivos, através da construção da família e da carreira profissional.

( ) É perigoso e nocivo quando um cristão é adepto do anti-intectualismo, por considerar que o exercício intelectual é desnecessário para o ser humano que serve a Deus. Por muito tempo, defendeu-se que a vida acadêmica servia para desviar os crentes da fé, pois se ocupavam com estudos e leituras de teóricos, muitos deles, assumidamente ateus e, por conta disso, teriam suas crenças abaladas e desviar-se-iam da verdade do Evangelho.

(   ) A filosofia não tem se ocupado em oferecer explicações para questões que envolvem a criação do mundo, as relações humanas, as inquietudes do Homem, dentre outros. Vários teólogos a desprezaram, ao passo que muitos a consideraram essencial para o auxílio na compreensão teológica.

( ) a universidade está cercada por vários desafios que sugerem a necessidade premente de evangelização. Os jovens têm acesso a um novo mundo de coisas e descobertas, filosofias e ideologias, bem como são despertados pela ideia de liberdade, característica do momento, haja vista que, entrar em uma universidade funciona como um rito de passagem, quando começam a ser considerados como adultos, capazes de decidir a própria maneira de viver.

Capítulo 3

Evangelizando a Cidade e o Campo

Complete, de acordo com o texto.

Nas ______________, Paulo pregava ______________, nas ______________, em locais públicos, como por exemplo, no __________________, nas prisões, em ________________, ou seja, onde houvesse uma ____________________________. Nelas, também, escreveu ______________________que serviram e servem de ___________________________. Sua especialidade ______________________________, tanto para multidões como por meio do ____________________. Ele pregou para _____________, intelectuais e ________________, como também, anunciou a salvação para gente simples do povo e para as autoridades mais importantes da época.

Capítulo 4

Evangelizando Grupos Marginalizados

Assinale com (V) para verdadeiro e (F) para falso

(   ) Grupos marginalizados são aqueles compostos por pessoas excluídas da sociedade em todas as suas dimensões, sejam elas, políticas, econômicas, culturais e sociais.

( ) Não estão ligados àqueles denominados de minorias sociais, que lutam pela igualdade de reconhecimento e direitos.

(   ) No Brasil, por exemplo, a exclusão social é muito forte e um dos principais temas que urgem ser tratados à luz da cidadania. Os grandes fatores de isolamento social estão ligados à economia, religião, cultura e sexualidade.

(   ) Os marginalizados, por diversas vezes, são pessoas que estão, literalmente, à margem social e vivem debaixo de extrema escassez de recursos. Desta forma não conseguem acessar e gozar dos direitos que são alcançados pela grande parte da sociedade, como o acesso à moradia, à educação, à alimentação, dentre vários outros.

Capítulo 5

Da Colheita ao Discipulado

Complete, de acordo com o texto.

a) O ____________________, portanto, é o _____________________________________, por intermédio do ____________________________________ acerca de ________________________________, a fim de que o sigam em obediência e disciplina. A própria expressão "______________________" relaciona-se ao sentido de disciplina. Boyer (1997), afirma que discípulo é "____

___, ou imita os exemplos de outrem" (p. 203).

b) É importante considerar sempre que ________________________________
__ é estabelecer uma ___________________________ contra o reino das trevas. O ____________, ardilosamente, atuará para ___________________do novo crente, ___________________ da caminhada cristã.

REFERÊNCIAS BIBLIOGRÁFICAS

ARIÈS, Phillipe. **História Social da Criança e da Família.** Rio de Janeiro: Livros Técnicos e Científicos, 2006.

AZEVEDO, M. A.; GUERRA, V. N. de A. **Mania de Bater:** A Punição Corporal Doméstica de Crianças e Adolescentes no Brasil. São Paulo: Iglu, 2010.

AZEVEDO, Israel Belo de. **O Olhar da Incerteza.** São Paulo: Eclesia, 1998.

BALL, Charles F. **A Vida e os Tempos do Apóstolo Paulo.** Rio de Janeiro: CPAD, 1998.

BIBLIA, Sagrada. **Bíblia de Estudo Pentecostal.** Almeida Revista e Corrigida. Tradução de João Ferreira de Almeida. Rio de Janeiro: CPAD, 2000.

BIBLIA, Sagrada. **Bíblia de Estudo Palavras-Chave: Hebraico e Grego.** Almeida Revista e Corrigida. Tradução de João Ferreira de Almeida. Rio de Janeiro: CPAD, 2012.

BOCK, Ana M. B.; FURTADO, Odair; TEIXEIRA, Maria de L. T.

T. **Psicologias.** Uma Introdução ao Estudo de Psicologia. São Paulo: Saraiva, 2002.

BOYER, O. **Pequena Enciclopédia Bíblica.** São Paulo: Vida, 1997.

BRASIL. **Constituição (1988). Constituição [da] República Federativa do Brasil**. Brasília: Senado Federal, 1988.

BRUCE, F. F. **Paulo, o Apóstolo da Graça** – Sua Vida, Cartas e Teologia. São Paulo: Shedd Publicações, 2003.

CAIRNS, Earle E. **O Cristianismo Através dos Séculos** – Uma História da Igreja Cristã. São Paulo: Vida Nova, 2008.

CHAMPLIM, R. N.; BENTES, J. M. **Enciclopédia de Bíblia, Teologia e Filosofia.** Vol. I a VI. São Paulo: Hagnos, 2013.

COLEMAN, Robert. **O Plano Mestre de Evangelismo.** São Paulo: Mundo Cristão, 2006.

COLEMAN, William. L. **Manual dos Tempos e Costumes Bíblicos.** Belo Horizonte: Editora Betânia, 1991.

COLSON, C.; PEARCEY, N.. **E Agora, Como Viveremos?** Rio de Janeiro: CPAD, 2000.

CRAIG, Evans A. **Novo Comentário Bíblico Contemporâneo** – Lucas. São Paulo: Vida, 1996.

CUNHA, Magali do N. **Do Púlpito às Mídias Sociais** – Evangélicos na Política e Ativismo Digital. Curitiba: Editora Prismas, 2017.

DRESCHER, John M. **Sete Necessidades Básicas da Criança.** São Paulo: Mundo Cristão, 1988.

DUEWELL, Wesley. **Heróis da Vida Cristã** – A Inspiradora Trajetória de Grandes Nomes do Cristianismo. São Paulo: Editora Vida, 2004.

FADIMAN, James; FRAGER, Robert. **Teorias da Personalidade.** São Paulo: Harbra, 1986.

GEISLER, Norman; TUREK, Frank. **Não tenho Fé Suficiente para ser Ateu.** São Paulo: Editora Vida, 2006.

GILBERTO, Antonio. **A Prática do Evangelismo Pessoal** – A Maravilhosa Tarefa de ser Pescador de Homens. Rio de Janeiro: CPAD, 1983.

GONZÁLEZ, Justo. L. **História Ilustrada do Cristianismo** – A Era dos Mártires até a Era dos Sonhos Frustrados. São Paulo: Vida Nova, 2011.

JARDIM, Alice. **Como Obter Êxito na Comunicação do Evangelho**. São Paulo: Editora Vida, 1993.

KELLER, Timothy. **Oração** – Experimentando Intimidade com Deus. São Paulo: Vida Nova, 2016.

________________. **Igreja Centrada** – Desvendando em sua Cidade um Ministério Equilibrado e Centrado no Evangelho. São Paulo: Vida Nova, 2014.

KHOURY, Karim. **Liderança é uma Questão de Atitude.** São Paulo: Editora Senac São Paulo, 2009.

LYON, D. **Pós-Modernidade.** São Paulo: Paulus, 1998.

McGRATH, Alister E. **Uma Introdução à Espiritualidade Cristã.** São Paulo: Editora Vida, 2008.

McGAW, Francisco A. **O Homem que Orava.** Rio de Janeiro: CPAD, 1983.

MINICUCCI, Agostinho. **Técnicas do Trabalho de Grupo**. São Paulo: Atlas, 2001.

NASCIMENTO, Valmir. **O Cristão e a Universidade** – Um Guia para a Defesa e o Anúncio da Cosmovisão Cristã no Ambiente Universitário. Rio de Janeiro: CPAD, 2016.

O´REILLY, A. J. **Os Mártires do Coliseu** – O Sofrimento dos Cristãos no Grande Anfiteatro Romano. Rio de Janeiro: CPAD, 2017.

PAPALIA, Diane E.; OLDS, Sally W.; FELDMAN, Ruth D. **Desenvolvimento Humano.** Porto Alegre/RS: Artmed, 2006.

PEARLMAN, Myer. **Conhecendo as Doutrinas da Bíblia.** São Paulo: Editora Vida, 1997.

PIPER, John. **Alegrem-se os Povos** – A Supremacia de Deus nas Missões. São Paulo: Cultura Cristã, 2012.

____________. **Em Busca de Deus** – A Plenitude da Alegria Cristã. São Paulo: Shedd Publicações, 2008.

POPE, Randy. **O Discipulado na Igreja Local.** Viçosa/MG: Ultimato, 2017.

PRICE, J. M. **Pedagogia de Jesus.** Rio de Janeiro: Sabre Editora, 2011.

RADMACHER, Earl. D; ALLEN, Ronald. B; HOUSE, Wayne H. **O Novo Comentário Bíblico** – Antigo Testamento. Rio de Janeiro: Editora Central Gospel, 2013.

____________. **O Novo Comentário Bíblico** – Novo Testamento. Rio de Janeiro: Editora Central Gospel, 2013.

SANDERS, J. Oswald. **Paulo, O Líder** – Uma Visão para a Liderança Cristã Hodierna. São Paulo: Editora Vida, 2004.

SEAMANDS, David A. **Cura para os Traumas Emocionais.** Venda Nova/MG: Editora Betânia, 1984.

SHEDD, Russel P. **Evangelização** – Fundamentos Bíblicos. São Paulo: Shedd Publicações, 2015.

STETZER, Ed; PUTMAN, David. **Desvendando o Código Missional.** São Paulo: Vida Nova, 2018.

STOTT, John. **A Cruz de Cristo:** São Paulo: Editora Vida, 2002.

____________. **Cristianismo Básico.** Viçosa/MG: Ultimato, 2007.

SMITH, Oswald. **O Clamor do Mundo.** São Paulo: Editora Vida, 1994.

WALKER, Luisa J. **Evangelização Dinâmica**. São Paulo: Editora Vida, 1997.

WALSHER, Paul. **O Evangelho de Deus & O Evangelho do Homem.** Campina Grande/PB: Visão Cristã, 2015.

www.ingramcontent.com/pod-product-compliance
Lightning Source LLC
LaVergne TN
LVHW010058170826
845678LV00012B/2169
9788560068531